JN331218

イギリス学入門

訪ね、知り、楽しもうジェントルマンの国

西川吉光●著

萌書房

はじめに

　本書は，イギリスの地誌，風土，歴史，社会，政治，人々の生活ぶりなどを紹介したイギリス研究の入門書である。いうまでもなく，イギリスは，数世紀にわたり世界の頂点に立つ大国として君臨した過去を持つ。当時この国は大英帝国と呼ばれていたが，現代の国際社会や我々の日常生活を支えている重要なシステムやルール——ソフトばかりでなくハードウエアも含めて——の多くは，そのような時代のイギリスによって生み出されたものである。単なる昔語りではなく，今を生きる世界中の人々がこの国の恩恵に浴しているといっても過言ではないのだ。しかし，さしもの「日の沈むことなき」大国も，20世紀の声を聞こうかというあたりからその覇権に陰りが見え始める。そして第2次世界大戦後は，それまでの覇権国家の地位をアメリカに引き渡すことになった。
　このイギリスの盛衰は，日本とイギリスの交流の密度とも連動している。日英関係を振り返ると，戦国時代の後半から交易や人の往来が始まり，鎖国の時代，交流は途切れるが，幕末・明治開国以後，イギリスは日本と最も深い関係を持つ西洋の国となる。イギリスは日本近代化のいわば師匠格の国であり，各分野の学者・技術者がはるばると海を越えて我が国を訪れ，多くの日本人学徒がイギリスに渡った。日英同盟は日本外交の基軸となり，日本が世界の一等国の仲間入りを果たすための大きな支えとなった。
　しかし昭和に入り，中国をめぐる対立から日英関係は悪化・対立の時期を迎え，不幸な戦争へと突入していく。この暗黒の時期を経て，戦後再び日英関係は回復するが，先に触れた覇権国家の交代に伴い，また太平洋戦争の経緯や日本復興に及ぼした影響力の開きから，戦後，日本の関心はイギリスからアメリカ一辺倒へとシフトした。外国といえば即アメリカを指す時代になり，イギリスは日本人にとって遠い国，昔の国となっていった。
　冷戦の時代も，また冷戦後の現在も，日米関係は日本外交の主柱であり，日本にとってアメリカの持つ重要性はいささかも変わってはいない。ただ，日本とアメリカではあまりに国力の差が大きく，歴史体験や社会構造，国民性など

も大きく相違し，アメリカンモデルをそのままスライドさせても，うまく日本に重なり合わないケースも多い。それに対し，ユーラシア大陸の周辺に位置する同じ島国で，国土の広さや歴史の長さ，王室を抱いていることなど日本とイギリスの間には多くの類似点や共通項が見出せる。

また，衰退が指摘されて久しいイギリスだが，今でも国際政治において非常に大きな役割を果たし続けている。確かにビクトリア時代と比べれば，世界に占めるウエートは低下しており，経済力や大国間政治の中での影響力の後退は否定できないが，社会の成熟度や国民生活の安定，充実の度合い，政治技量の巧みさなどを指標にとれば，現在もまごうことなき大国である。しかも研究や留学目的で毎年世界中の学生・研究者がこの国をめざし，観光で訪れる人たちの列が絶えることもない。その上，緩やかではあるが，今も経済成長を続けているのだ。

昨今，日本では衰退論議が盛んだが，衰退は避けられないと決めつけた安易な衰退宿命論や過度のペシミズムに流される前に，一度イギリスという国をじっくりと眺めてみてほしい。その粘り強さ，経験論的な合理主義，自らの持てる諸力を巧みに融合させる政治力，長期的な視点から物事を捉える卓越した歴史感等々。近代化に驀進した時と同様に，成熟社会に入った今の日本も，イギリスから学びとることは多いのだ。安定充実した国民生活と経済成長，それに国際社会での影響力の維持・拡大を如何に両立させていくか？　我々が日本の新たな国家像，国家戦略を描き，それを政策化するうえで，イギリスの歩んできた途やその生き様は貴重な教訓であり，また手本となるに違いない。そのような思いから，この書を世に送り出した次第である。

執筆にあたり，イギリス研究の多くの先学や専門家の方々の文献，研究成果などを利用させていただきました。初心者向けの入門者としての性格上，そのすべてについて詳細な脚注を付けることはできませんでしたが，篤く御礼申し上げます。また萌書房の白石社長には，本書企画の段階からお世話になりました。

最後に，筆者の公務員時代に，イギリスという国に触れ，暮らし，そして世界中からイギリスにやってきた多くの学者，官僚，軍人たちとともに学ぶとい

う貴重な機会を筆者にお与え下さった首藤新悟氏（元防衛省防衛局長）にも，この場をお借りして深い感謝の言葉を添えさせていただきます。

　平成 24 年 3 月

西 川 吉 光

目　　次

はじめに

第1章　イギリスという国 …………………………………………… 3
　1　イギリスとは　3
　2　国土と自然環境　5
　3　各地域の風土と文化　6
　　3-1　イングランド　6
　　3-2　スコットランド　13
　　3-3　ウェールズ　17
　　3-4　北アイルランド　17
　4　ロンドン　19

第2章　イギリスの歴史 ……………………………………………… 35
　1　ユーラシアの辺境：先史～古代　35
　2　中世のイギリス　37
　3　躍進する海洋国家：近世　40
　　3-1　絶対主義の成立　40
　　3-2　革命と立憲君主制の確立　44
　4　パクスブリタニカの時代　48
　　4-1　大英帝国の誕生　48
　　4-2　帝国主義下のイギリス　53
　　4-3　二つの世界大戦　55
　5　戦後のイギリス　60

第3章　社会の構造と国民気質 ……………………………………… 69
　1　階級制とジェントルマンの国　69
　2　学校教育と大学　82

3　開かれた社会　93
　　　4　思考・哲学と国民性　96

第4章　法と政治・外交 ……………………………………………… 107
　　　1　法秩序と政治制度　107
　　　2　国際関係と外交政策・国防　114
　　　3　メディア　120
　　　4　王室とイギリス社会　126
　　　5　北アイルランド問題　139

第5章　イギリス人の日常生活 ……………………………………… 143
　　　1　食生活・食文化　143
　　　2　生活環境　150
　　　3　ライフスタイルと嗜好　153
　　　　3-1　田舎暮らしが理想のイギリス人　153
　　　　3-2　アンティークが好きで，ボランティア活動に熱心な人たち　155
　　　　3-3　賭博好きが作った大英帝国：形無きものへの好奇と冒険精神　156

終章　日本とイギリス ………………………………………………… 163
　　　1　日英関係史　163
　　　2　高まるイギリス研究の意義と必要性　172
　　　3　イギリスに学ぶ日本再生の鍵　173

　　　主な参考・推奨文献　177

イギリス学入門
―― 訪ね, 知り, 楽しもうジェントルマンの国 ――

第1章　イギリスという国

1　イギリスとは

● イギリス・英国・イングランド・ブリテン・UK

　我々が「イギリス」と呼ぶ国の正式名称は，United Kingdom of Great Britain and Northern Ireland（グレートブリテン及び北アイルランド連合王国）で，国際的にはU. K.の略称が使用される。国名からわかるように，グレートブリテン島の全体と，その西にあるアイルランド島の北東部，そしてその周囲の小さな島々から構成される。グレートブリテン島は，南部のイングランド，南西部のウェールズ，北部のスコットランドの3地域から，アイルランド島は，イギリスに属する北アイルランドと独立国の「アイルランド」からなる。日本が呼称する「イギリス」は，ポルトガル語のInglez（イングレス）に由来する。かつては「エゲレス」とも呼ばれたが，これはオランダ語のEngelsch（エンゲルシュ）が起源。イギリスは「英国」とも記すが，これは表音表記の「英吉利」の略である。つまり「イギリス」も「英国」も，「UK（連合王国）」を形成する四王国の一つ「イングランド」の和名表記であって，国全体を示す言葉としては不適なのだ。

　政治的には「連合王国」という単一の国家を形成しているが，その実態は多民族の連合国家に近く，ゲルマン系のイングランドに対し，ケルト系の他の3地域は強い独立・自治の精神とイングランドへの対抗心を持ち続けてきた。現在も，例えばサッカーのワールドカップにはイングランド，スコットランド，ウェールズ，北アイルランドがそれぞれ一国として出場し，ラグビーもイングランド，スコットランド，ウェールズ，アイルランド（北アイルランドとアイルランド共和国の合同チーム）に仏伊を加えて6か国対抗選手権と呼んでいる。イ

イギリスの国旗（ユニオンジャック）

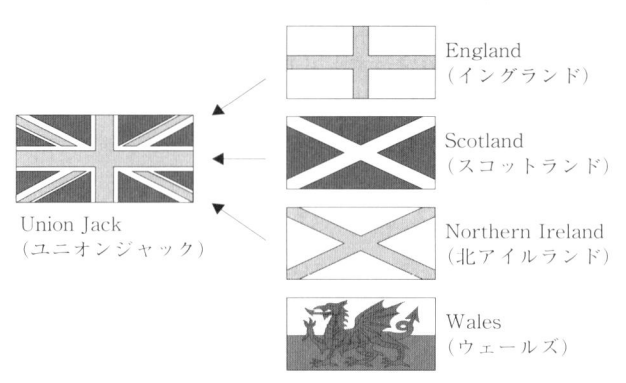

England（イングランド）
Scotland（スコットランド）
Northern Ireland（北アイルランド）
Wales（ウェールズ）
Union Jack（ユニオンジャック）

ングランドにはイングリッシュとしての民族意識はさほど強くないが，他の3地域は自分たちをスコットランド人（スコティッシュ），ウェールズ人（ウェリッシュ），アイルランド人（アイリッシュ）と考え，イングランド人と明確に区別する。「イングランド＝連合王国」の日本的理解は，民族的な多様性を無視し，この国の本質的理解を妨げる。既に「イギリス」や「英国」の呼称が日本で定着している実態を尊重し，本書でも便宜的に連合王国を意味する言葉として「イギリス」あるいは「英国」の表記を用いるが，この国全体を示す表現は，「U. K.」あるいは「（グレート）ブリテン」が正しいのである。

●ユニオンジャック

　イギリスはイングランド，スコットランド，ウェールズ，それにアイルランド（アイルランドの大部分は独立国家となり，現在イギリスに属しているのは北アイルランドのみ）の四王国が連合して成立した国で，それは有名な国旗ユニオンジャック（Union Jack）の図柄からも知ることができる。ユニオンジャックは，白地に赤十字のイングランド国旗，青地に白の斜め十字のスコットランド国旗，そして白地に赤の斜め十字の北アイルランド国旗を合わせたものである。早い時期にイングランドに統合されたため，白と緑の地に赤の龍が描かれたウェールズ国旗はユニオンジャックには取り込まれなかった。

　国歌は，有名な「God Save the Queen」だが，正式に国歌として制定され

たものではなく，1745年に初めて演奏された愛国的賛歌が国歌の扱いを受けるようになったものである。国王が在位する場合は，King になる。国歌とは別に，国民的な愛唱歌「ルールブリタニア（Rule Britania）」があり，コンサートやスポーツの開会式，教会などでよく歌われる。ブリタニアとは，イギリスを擬人化した女神のことで，この国の象徴とされる。ヘルメットを被り，三叉の矛と楯を持つ女神ブリタニア像は，現在の50ペンス貨に刻まれているが，初めてコインにブリタニア像が用いられた時には，当時の国王チャールズ2世の愛人フラーンセス・テレサ・スチュアートがモデルとされた。なお，イギリスの国花はバラ，王室の紋章でありシンボルは獅子である。

2　国土と自然環境

● 国土面積・地勢

　イギリスの面積は，グレートブリテン島と北アイルランド，それに周辺の諸島を合わせて24.4万km²，人口は約6000万人。最大のグレートブリテン島の面積は23万km²で、日本の本州とほぼ同じ大きさだ。国土面積はフランスの2/3だが，全周が海で囲まれた島国で，全ての内陸部は海岸から120km以上離れていない。山が低いため川の流れは穏やかで，日本のような急流はない。緩やかな川の流れは水運の発達を促した。気長なイギリス人の国民性形成にも与ったと思われる。川が海に注ぐ河口付近で海岸線が深く切れ込み，都市と海が近接している。航海も容易で海伝いの海上交通が発達した。こうした海との接触が濃密な自然環境が，海洋国家としての発展を可能にしたのである。

　内陸に目を向けると，スコットランドとウェールズの一部分を除いてこの国には険しい山地，山脈がなく，高い山もない。ブリテン島の最高峰はスコットランドのベン・ネビスで標高1344m，イングランドでは湖水地方のスコーフェル・パイクが978m，ウェールズの最高峰はスノードン山で1085mと，いずれも1000m程度。かつて森で被われていたグレートブリテン島も，度重なる伐採で森林が消え，見通しの良い緩やかな丘陵が続く現在の景観になった。同じ島国でも日本が山国であるのに対し，イギリスは丘陵の国である。日本の場合，農地は国土の14％に過ぎないが，イギリスでは全国土の75％が農地で，うち耕

地が30%，牧畜・牧草地が45％を占める。全就業人口のわずか2％に過ぎない農民が，広大な農地を経営している（一人当たりの農地は31ha。日本は1 ha）。この国では冬でも芝生が枯れず，また雑草が生えにくいので，年間を通して緑濃い田園風景が広がっている。

● 気　　候

グレートブリテン島は北緯50～59度，西経2～東経7度に位置し，サハリンと同じ高緯度帯に位置するが，北大西洋海流（暖流）とその上を吹く偏西風の影響で，冬でも温暖な気候をなしている。島の西岸部は東岸部よりも暖かく，雨が多い。年間降雨量は1200mm以上で，特にスコットランドでは2500mmを越える。風下の東岸部は雨があまり降らず，ロンドンを含む東南部の降水量は750mmと西岸部や東京の半分程度である。

ただ，前線の通過が早いため，イギリスでは「1日に四季がある」といわれるほど天気が変わり易く，東岸部でも雨は頻繁に降る。傘を持ったロンドン紳士のイメージはここから来ている。ちなみに筆者がロンドン郊外に滞在した当時，傘を持たずに外出したのは年間わずか3日ほど，その傘無しの日に雨に降られたものだ。もっとも，雨が降ってもさほど激しくはなく，長くも続かない。日本人は雨というと反射的に傘をさすが，少々の雨ならほとんどのロンドン子は傘をささずにやり過ごす。欧米の人はマッチョの意識から，日本人程には傘をささないのである。

3　各地域の風土と文化

3-1　イングランド

イングランドとは「アングル人の土地」という意味で，グレートブリテン島の2/3の面積を占める。島の中央部をペニン山脈が南北に走り，その両側に平野が広がる。北から南に向かう程高度は低くなり，既述の通り西岸部は東岸部より雨が多い。この山脈を軸にイングランドは北・中央・南と，東に張り出したイーストアングリアに大別される。

● 北イングランド

＜北西イングランド：湖水地方＞

第1章　イギリスという国　7

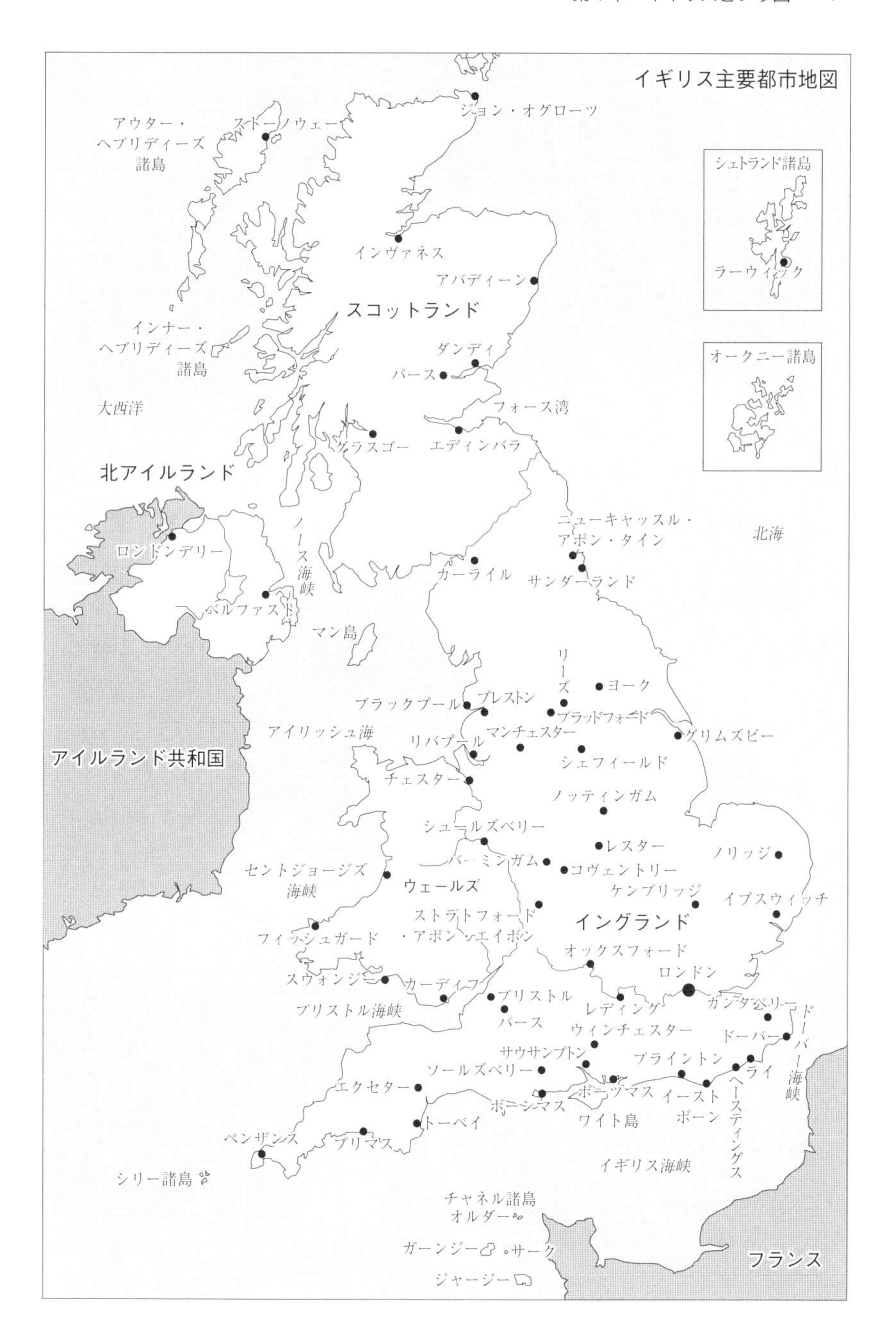

イギリス主要都市地図

ペニン山脈西側の北部はカンバーランドの山岳地帯を形成し、起伏に富んだ高地で湖沼が多く、湖水地方と呼ばれる英国随一の景勝地だ。最大の湖は南北20km、東西2kmの細長いウィンダミア湖である。湖水地方に生まれ、この湖をうたった詩人にW.ワーズワースがいる。彼が家族とともに暮らしたグラスミアの村はずれにあるダブ・コテージ（ハトの小屋）には、多くの観光客が訪れる。

　童話ピーター・ラビットを著したベアトリクス・ポターが晩年を過ごしたのも湖水地方だった。ロンドン生まれのポターが、夏の家族旅行で初めてこの地を訪れたのは1882年。その美しさに心を奪われたポター一家は、以後、湖水地方で毎年の休暇を過ごすようになる。田舎道のヘッジロウ（道の両脇に長く続く生垣。牧草地や畑の境界を示したり家畜の侵入を防ぐためのもので、田園地方に多く見受けられ、古くは10世紀当時のものも残っている）に棲む小動物を愛でたポターはその姿を水彩で描き、自身の物語をつけて知人へ送った。やがてポターは、のちにナショナルトラストの創設に関わったハードウィック・ローンズリー牧師と知り合う。彼はポターの描く動物のスケッチに画才を見出し、その道に進むよう勧めた。彼の励ましもあり、ポターは挿絵付きの童話『ピーター・ラビットのおはなし』を著し、出版社に売り込むが出版は断られ続けた。しかし彼女が作った白黒の私家版が静かなブームとなり、1902年にはカラーでの再版を引き受けてくれる出版社が現れた。以後、ピーター・ラビットは現在までに4000万部を越えるイギリスを代表する大ベストセラーとなる。

＜北東イングランド＞

　北イングランド北東部は石炭と鉄鉱石を産し、早くからイギリスの主要工業地域の一つとなり、造船業や機械工業が栄えた。その中心都市がニューキャッスル・アポン・タインで、単にニューキャッスルとも略される。街の南部を流れるタイン川沿いに発展、古代においては紀元122年頃、ローマ皇帝ハドリアヌスの命令によりこの地から西岸のカーライルを結ぶ城壁（ハドリアヌスの壁）が築かれ、北からの蛮族侵入を阻止する軍事拠点としての役割を担った。中世には毛織物産業で、近世〜産業革命期には石炭の積み出し港、重工業都市として栄えた。1814年にはニューキャッスル出身のスティーヴンソンが蒸気機関車を発明、1847年にはアームストロング卿がニューキャッスル郊外に兵器工場を

設立，アームストロング社として名を馳せた。明治維新以来日本との関係も深く，岩倉使節団はアームストロング社の大砲工場を見学しており（1873年），日本海軍の多くの軍艦・大砲がここで生産された。戦後はサッチャー首相の日本企業誘致運動の中心地となり，日産自動車や小松製作所等多くの日本企業が進出している。

＜ランカシャーとヨークシャー＞

　北イングランドの南部は，分水嶺であるペニン山脈の西側がランカシャー，東側がヨークシャーと呼ばれる。ともに繊維工業で栄え，産業革命の先駆地域となった。ランカシャー地方の中心は，リバプールとマンチェスター。貿易都市リバプールは大西洋に向けた英国の表玄関に当たり，18世紀には奴隷貿易の中心港，19世紀には米国からの綿花の輸入や繊維製品の積み出し港として栄えた。また職を求めて多数の移民，出稼ぎ労働者がアイルランドから移り住んだ。有名なビートルズはリバプールで生まれたが，彼らもアイルランド移民の子孫といわれる。リバプールから内陸に50kmの地マンチェスターは，ランカシャー地方の綿織物業の，そして産業革命の中心地であった。河川を利用しての水力，次いで近くに産する石炭を利用しての蒸気機関と，動力の転換に対応できたことが綿工業を発展させる力となった。マンチェスターとリバプールは運河で結ばれたが，1830年にスチーヴンソンによる世界最初の実用鉄道が走ったのも，マンチェスター〜リバプール間である。

　ランカシャーが綿工業の中心なら，ペニン山脈東のヨークシャー地方は毛織物工業の中心地であった。中世末以降，この国の代表産業は羊毛を原料とする毛織物工業であった。百年戦争でフランドル地方の毛織物職人がヨークシャーに移住したことが発展の契機となったが，空気が乾燥し羊の飼育に適していたことも発展の一因となった。この地域を代表する都市ヨークは，ローマ軍団が駐屯した要塞都市として発展し，中世の城壁が今も残っている。またヨークはイングランド北部の司教管区（南部の司教管区はカンタベリー）で，ヨークの大聖堂はノルマン人やヴァイキングの侵略のたびに破壊された後，250年の歳月をかけて15世紀末に完成したイギリス最大のゴシック建築である。ヨークシャーは，『嵐が丘』の舞台としても有名だ。

●中部イングランド：ミッドランド

＜ミッドランド北部＞

　ペニン山脈の南に広がる緩やかな丘陵地はミッドランドと呼ばれ，石炭と鉄鉱石に恵まれ，製鉄や金属業で栄えた。中心都市はバーミンガム。ミッドランド北部のトレント川流域はウェッジウッドをはじめ陶磁器製造で発展した。ノッティンガムから北にはロビンフッドの伝説で名高いシャーウッドの森が広がる。ディー川に面し，中世の城壁に囲まれたチェスターは，ヨークと同様，ローマ軍団の要塞都市を起源とする。ウェールズ支配の拠点で，かつては商業貿易で潤ったが，ディー川の土砂堆積で大型船が航行できなくなり，リバプールにその座を譲った。産業革命にも取り残され，中世のまま時間が止まったような古都は，観光を生業としている。

　イギリスにはマンチェスター，ウィンチェスター，チチェスターなど語尾にchesterがつく町，あるいはレスターやグロースターのようにcesterが，さらにランカスター等casterがつく町もある。これらの語尾はラテン語の城や陣営を意味する「カストルム（castrum）」に由来し，このような語尾を持つ町は，かつてローマ人が建設した城壁都市だとわかる。

＜ミッドランド南部＞

　ミッドランドはイギリス最大の工業地帯だが，同時に美しい田園にも恵まれている。バーミンガムの南東方に位置するストラトフォード・アポン・エイボンは，その代表だ。エイボン川に沿ってチューダー様式の木造家屋が並ぶこの町は，文豪シェイクスピアが生まれ育った町で，英国有数の観光地だ。彼の生家をはじめ，墓があるトリニティ教会，妻アン・ファサウエイの生家，それにシェイクスピア劇が上演されるロイヤルシェイクスピア劇場等シェイクスピア一色の町である。この町の南東に，イギリス最古の大学を擁するオックスフォードが控える。テムズ川とチャーウェル川が合流する丘陵地のオックスフォードに修道士が集い，コリッジが開かれたのは13世紀のことであった。

　オックスフォードの郊外，ウッドストックにはマールボロ家の壮麗なブレナム宮殿が聳え立つ。チャーチル元首相が生まれた場所としても有名だ。18世紀，スペイン継承戦争の際に英軍を率いたジョン・チャーチルがドイツのドナウ河畔の村ブレンハイムでフランス軍を破り戦争を勝利に導いた。その武勲に対し

てアン女王から公爵の称号とともに下賜された広大な土地に建てられたのが，この宮殿である。豪奢な建物に加えて，文京区にほぼ等しいという敷地の広さには驚かされる。

● **イーストアングリア**

グレートブリテン島の南部で，東に張り出した地域はイーストアングリアと呼ばれる。ノーフォークやサフォク，エセックス，それにケンブリッジ州を含むこの地域はコンスタブルをはじめ多くの風景画家を輩出し，最もイギリスらしいのどやかな丘陵地帯が広がっている。大学町で有名なケンブリッジは，ロンドンから北東に90km，「ケム川に架かる橋」が地名Cambridgeの語源。ケム川沿いのこの町は古代ローマ軍の駐屯地として開かれ，陸運水運の交錯する至便性から市場として発達する。

13世紀，創立されたばかりのオックスフォード大学での混乱を嫌った学者たちがこの地に移り住み，1284年には現存する最古のカレッジであるピーターハウスカレッジが作られた。以後，多くのコリッジが築かれ，ニュートンやケインズらを輩出したキングス・カレッジは有名だ。市民革命の時代には，地元出身のオリヴァー・クロムウェル率いる議会派の拠点ともなった。大学の裏手を流れるケム川では底の浅いパント船と呼ぶボートの川下り（パンティング）が楽しめる。

● **南イングランド**

＜南東部＞

イギリス海峡に臨むイングランド南岸地域で，南東部，南部，南西部に分かれる（南部は南東部に含まれる場合もある）。南東部はケント，サセックス，サリーの3州からなり，ケントはThe Garden of Englandと呼ばれる豊かな田園地帯である。ケント州東部の都市カンタベリーには，イギリス国教会の総本山カンタベリー大聖堂が聳える。597年教皇グレゴリウス1世の命を受け，伝道のためブリテン島に渡ったアウグスティヌスがこの地に聖堂を建設し，以後カンタベリーはイギリスにおけるキリスト教の中心地となる。この聖堂は11世紀に焼失し，500年近い歳月をかけてゴシック様式の現在の聖堂が再建された。ヘンリー2世の騎士によるトマス・ベケット暗殺の舞台ともなった。カンタベリーの南西にあるリーズ城は，6人の王妃が暮らした"貴婦人の城"として優

美な姿を湖畔に映している。

　イギリス海峡に面した海岸にはチョーク（白亜層）が広範囲に露出し，東端のドーバーにあるホワイト・クリフは名高い。大陸へのゲートウェイであるドーバーの町には，イングランドを守るドーバー城が町を見下ろしている。かつての港町で，中世の家並みが残るライには，15世紀の宿屋人魚亭がある。古戦場ヘイスティングスや，上流階級のビーチリゾートとして発展し，ロイヤルパビリオンが立つブライトン等ロンドンから日帰り可能な観光地が多い。

＜南　部＞

　南部はウィルトシャー，ハンプシャー，ドーセットの各州からなる。ハンプシャーの中心は旧サクソン王国の首都ウィンチェスターで，ウィンチェスター大聖堂や最古のパブリックスクール，ウィンチェスターコリッジ，アーサー王の円卓（伝承）等静かな古都だが見所も多い。ポーツマスは軍港の町だ。トラファルガー海戦時のネルソン提督の旗艦ビクトリー号が当時の姿のまま繋留されているが，今も現役艦の扱いだ。なお，日露戦争後に講和条約が結ばれたのは，アメリカのマサチューセッツ州ポーツマスである。ポーツマスの沖に浮かぶワイト島には，ビクトリア女王とアルバート殿下のプライベイトな離宮オズボーンハウスが立つ。

　ポーツマスの北西サザンプトンは，大西洋航路の客船のターミナル港で，タイタニック号もここから船出した。町にはタイタニック博物館がある。イングランド南部のダウンズと呼ばれる広大な丘陵地は石灰層からなり，斜面の牧草を削り取り白いチョークを露出させた造形が見られる，アフィントン（バークシャー）の白馬やサーン・アバス（ドーセット）の巨人像は有名だ。

＜南西部＞

　大西洋に突き出したコーンウォール半島（デボン，コーンウォール）は，ローマ人やサクソン人の侵入を阻んだため，今日も先住民ケルトの文化と風土が色濃く残っている。半島の突端に近い町ペンザンスにセント・マイケルズ・マウントがある。1066年にエドワード征服王がここに礼拝堂を建築，のちにベネディクト派の修道院となり，12世紀には城塞も築かれた。満潮時には島となることや外観の類似性から，イギリス版モン・サン・ミッシェルともいわれるが，本家フランスの方が300年ほど古い。ただ，名称は英仏両語でともに「聖ミカ

エルの山」を意味している。フランスのブルターニュ地方もイギリスのコーンウォールもともにケルト系住民が住んでいた地域で，この共通性が類似の建築と信仰を生み出したのかもしれない。デボン州（デボンシャー）地方の伝統的な乳製品に，クロテッドクリームがある。薄黄色を帯びた濃厚なクリームのことで，ジャムと一緒にスコーンにつけて食べるのが一般だ。

　サマセット州の都市バースは，「風呂」の語源となった町で，古代ローマ人がここで温泉を発見し，ローマ式浴場を造った。ビクトリア時代には，中流階級の保養・社交地として発展，三日月状の集合住宅ロイヤルクレッセントは建築史でも有名だ。バースの近郊にはソールズベリーとグラストンベリーの町がある。ソールズベリー大聖堂は，イギリスで最も高い尖塔を持つ。グラストンベリーはアーサー王伝説の聖地の一つで，町の中心部にある修道院跡がアーサー王の墓地との言い伝えがある。7世紀にウェセックスの王が建てたこの大修道院は一時栄華を極めたが，ヘンリー8世の修道院解散令で破壊され，今は修道士の台所だけが往時の姿を留める。この修道院で1191年にアーサー王とその妻グイネビアの墓石が発見され人骨も見つかったという。しかしヘンリー8世による解体，掠奪の際に王の遺骨等は廃棄され，墓から見つかった銅の十字架も17世紀以降行方不明というが，全て伝承の域を出ない。聖遺物の存在を利用して寄付を集めるための作り話というのが真相に近いようだ。このほかにも，マリアテのヨセフが聖杯を投げ込んだ泉や，傷ついたアーサーが渡ったアヴァロンの島とされる小高い丘が町の東南部にある[1]。

　ソールズベリー郊外にあるストーンヘンジも，謎の遺跡として世界的に有名だ。直径30mの円周上に4m余りの石柱が何本も並ぶ巨石遺跡で，夏至には中心石（ヒールストーン）の上から太陽が昇り，太陽信仰との関係が指摘されるが，未だ不明な使用目的には諸説ある。エイボン川の河口に位置するブリストルは，北米貿易で栄えた港町である。

3–2　スコットランド

●ハイランドとローランド

　スコットランドはグレートブリテン島の約1/3を占め，北海道より少し狭い。この地はローマ時代には　ケルト語で森林を意味する「カレドニア」と呼ばれ

ネス湖（著者撮影）

た。その後，アイルランドからスコット人が移ってからは「スコシア」の名がつき，スコットランドの語源となる。スコットランドは，寂寥とした北西部の高地地方（ハイランド）と，人口の3/4が住み，商業地域を抱える南東部の低地地方（ローランド），イングランドとの境をなす丘陵地（アップランド）に分かれる。

　ハイランド地方は山がちで，イギリス最高峰のベン・ネビスはじめ1000m級の山も多い。また氷河の浸食作用で出来たグレンと呼ばれる谷やロッホと呼ばれる湖が独特の景観を生み出している。北東から南西に横切るグレートグレン（グレン・モアともいう）と呼ばれる大峡谷には細長い湖が連なり，湖と湖はカレドニア運河で結ばれているが，その中の最大の湖が怪獣伝説で有名なネス湖（Loch Ness）だ。長さ40km，幅平均1.6kmで，最大水深は300mだが透明度は低い。またスコットランド最大の湖ローモンド湖（Loch Lomond）は，民謡で有名だ。ハイランド地方の主な都市には，グレン・モアの東北端に位置するネス湖観光の拠点インバネスがある。その郊外には，スコットランド軍がイングランド軍に大敗（1746年）したカローデンの古戦場跡がある。ドン川とディー川に挟まれたアバディーンは，エディンバラ，グラスゴーに次ぐスコットランド第3の都市で，鰊漁が盛んなほか北海油田の基地になっている。

　フォース湾が深く入り込むローランド東部には平野が広がり，西に向かうと起伏に富んだ丘陵地となる。主要都市はエディンバラとグラスゴーだ。11世紀よりスコットランド王国の首都として栄えたエディンバラは，南のオールドタウンと北のニュータウンの2地区からなり，その間の谷底部分に鉄道の線路が走る。オールドタウンのメインストリートはロイヤルマイルと呼ばれ，その両端にエディンバラ城とホリールード宮殿が所在している。クライド川沿に市街地が伸びるグラスゴーは造船や繊維産業で発展した町で，クィーンメアリ号や

クィーンエリザベス号はこの町で建造された。エディンバラの北東には，ゴルフ発祥の地セントアンドリュースがある。地名は，スコットランドの守護聖人聖アンデレの遺骨がこの町の教会に納められたことに由来する。15世紀にスコットランド最古のカレッジが設けられた大学町でもある。イングランドと境を接する南部のアップランドは，標高200〜600mのヒースに覆われた不毛地（ムーアランド）が続き，牧羊などが行われている。

● **強烈な自立と愛郷の精神**

スコットランドでは，スコット人（北西部），ピクト人（北東部），ブリトン人（南部）による群雄割拠の時代を経て，11世紀頃統一王権が誕生する。折からイングランドを支配したウィリアム征服王の侵入を受け，以後，スコットランド，イングランド両王国の対立抗争が繰り返される。スコットランドはフランスと同盟関係を結びイングランドに対抗したが，近世に入り宗教改革が進むと，フランスを後ろ盾とするカソリックの王家とプロテスタント貴族が対立し内戦となり，エリザベス1世の支援を受けたプロテスタント側が勝利する。これを機にイングランドとの関係改善が進み，未婚のエリザベス女王の死後，スチュアート家出身のスコットランド王ジェームズ6世がイングランド国王ジェームズ1世として即位し，両王国は同君連合の関係となる（1603年）。

さらに1707年の統合令によって両王国は合併し，グレートブリテン連合王国が成立。独自紙幣の発行権や従前の法律は引き続き有効とされるなど一定の独自性は認められたが，議会は廃止される等イングランド主体の吸収合併にスコットランドの不満は残った。だが，統合後に起きたジャコバイト（独立派）の乱（1715年，1745年）の敗北は，イングランドの優位と，もはや政治的独立の不可能な現実をスコティッシュに思い知らせることになった。「スカイボート・ソング」は，名誉革命で王位を奪われたジェームズ2世の孫チャールズ・スチュアート（愛称ボニー・プリンス・チャーリー）が，プリンスとして生まれながらもカローデンの戦いに敗れスカイ島に逃れねばならなかった悲劇を歌った哀歌だが，イングランドに半ば征服され，スチュアート朝直系にありながら自らの王を英国王の後継者に擁立できなかったスコットランドの人々の無念とイングランドに対する怨念の情は，今も消し去り難いものがある。

この屈折した歴史ゆえに，スコットランドの人々は独立愛郷の精神が強く，

現在も独自の通貨を用い，宗教面ではイングランド国教会（聖公会，アングリカンチャーチ）とは異なり，長老派教会（プレスビテリアン）がスコットランドの国教会になっている。同じスコットランドでも，イングランドから多くの移民を受け入れたローランドでは融和が進むが，ハイランドはゲール人（ケルト人の一派）の子孫が住み，軍事的な性格を帯びた氏族（クラン）制社会が長く維持され，ローランドでは滅んだゲール語（ケルト語の一つ）が残るなど強い独自性を保っている。バグパイプやキルト，タータン等スコットランドの伝統や文化に強い誇りを抱き，それを受け継いでいるのもハイランド地方である。

　もっとも近年では，キルトやタータンの伝統は18世紀の創作に過ぎないとの研究報告もある。もともとハイランドでは長袖の麻のシャツに毛の肩掛けマントを纏うのが一般であったが，1730年頃，トマス・ローリンスンというイングランド人の工場主がスコットランド人を炭焼き場で働かせるために開発・考案した作業着がキルトであった。また格子縞模様のタータン柄はスコットランド特有の図柄ではなく，各氏族がそれぞれ固有のタータン柄を持つ風習も実際には存在しなかったという。キルトやタータン，バグパイプがスコットランドの風習として広まったのは軍隊での採用が影響しており，それらがスコティッシュアイデンティティの象徴として利用される過程で，いつしか古来からの民族的伝統と信じ込まれるようになったというものだ。[2]

　民族衣装のほか，スコットランドの特産品といえば日本でもお馴染みのスコッチウィスキーがある。また，哀調を帯びたスコットランド民謡の旋律は，なぜか日本人の感性とマッチする。「故郷の空」（Comin' Thro' The Rye）や「蛍の光」（Auld Lang Syne）等の文部省唱歌をはじめ，「アニーローリー」，「マイボニー」など日本の愛唱歌にはスコットランド民謡を翻訳したものが多い。「ロッホローモンド」はヒット曲「5番街のマリー」とよく似ている。但し，小説『ビルマの竪琴』にも登場する「埴生の宿」（Home, Sweet Home）は，スコットランド民謡ではない。この曲はロンドンのコヴェント・ガーデン劇場総監督ヘンリー・ビショップが作曲し，同劇場で上演されたオペラ『ミラノの乙女クラーリ』の中のアリアが元歌である。

3-3 ウェールズ

　グレートブリテン島の南西部に張り出したウェールズは四国とほぼ同じ広さで，南北にカンブリア山脈が走る。中・北部は人口の希薄な山岳地帯で，昔はスレート採掘や羊毛業が営まれたが，現在はこれという産業も無く，スノードニア国立公園の中あるスノードン山や歴代の立太子式典が行われるカナーボン城等多くの古城，それに保存鉄道等の観光業が地域振興の柱になっている。人口の集中する南部は，かつて炭田が広がり，石炭の輸出や製鉄など鉱工業で栄えたが，最近はサービス産業への転換が進められている。カーディフやニューポートがその中心地だ。

　ウェールズは，ローマ人やアングロサクソン人から追われたケルト人の住み着いた国である。中世にはケルト系の小部族国家が群立し，恒常的な統一王権は確立されなかった。13世紀末にはウェールズ大公を名乗ったグウィネッズ王がエドワード1世に敗れ，イングランドの軍門に下った。エドワード1世はカナーボン城で生まれた長男（のちのエドワード2世）を「プリンス・オブ・ウェールズ」に任じ，以後，歴代イングランド国王の長男はこの称号を名乗るようになる。皇太子をウェールズの首長となしウェールズの面子を立てることで，イングランドへの恭順を期待したのだ。その後，大規模な反乱を機にヘンリー8世はこの地を正式にイングランド王国に併合する（1536年）。他地域よりも早くイングランドに吸収はされたが，文化や言語の独自性は今も貫いており，ケルトの言葉であるウェールズ語が英語とともに公用語とされ，域内の駅名や道路標識は全て英語とウェールズ語の2か国語が標記されている。ちなみに，世界で一番長い地名があるのも，ここウェールズである。

3-4 北アイルランド

　アイルランドは，北海道とほぼ同じ大きさの島国（8万4000km²）で，北東1/3がイギリスの統治下に置かれている。この島には紀元前3世紀頃，ゲール人がヨーロッパから移り住むようになり，その後，ローマ帝国やアングロサクソン，ノルマンの侵攻を受けるが，いずれも先住のケルト人を制圧できなかった。ケルトの各部族は独自のゲール文化を形成するが統一国家は生まれず，小国家の分裂状態が続いた。5世紀，ゲール人の一部はスコットランドに進出す

るが、同じ頃、聖パトリックによってキリスト教が伝えられる。ウェールズやスコットランドはのちにプロテスタントを受け入れるが、アイルランドだけはカソリック信仰を守り通した。しかし、ヘンリー8世は自らをアイルランド国王と称し、この島の制圧に乗り出す。イングランドによるアイルランド占領と弾圧はエリザベス1世やジェームズ1世の時代にも続けられ、特に17世紀、クロンウェルのアイルランド遠征では、地主（カソリック）の土地を没収しイングランドからの入植者（プロテスタント）に分け与えるなど徹底した苛斂誅求が加えられた。さらに、フランス革命とアイルランド独立運動の連携を恐れたイギリスは、グレートブリテン及びアイルランド連合王国を成立させ、アイルランドを正式に併合する（1801年）。

　カソリックであった住民の多くは審査法によって公職に就けなかったが、オコンネルらの努力で審査法が廃止され、さらにカソリック解放法（1829年）で信仰の自由と公職への就任が認められるようになった。アイルランドとの融和を図る措置でもあったが、プロテスタント側がこれに反発し、対立はかえって強まった。1840年代、アイルランドはジャガイモの大凶作に襲われ、飢えと疫病で死者が激増した（ジャガイモ飢饉）。アメリカへの集団移住が行われ、アイルランドの人口は一挙に百万人も減少した。農業不況の続く中、70年代後半にはイングランド勢力からの土地奪還闘争が始まり、80年代には自治要求へとエスカレートした。事態を重視した自由党のグラッドストン内閣は、アイルランド小作農の地位改善のための土地法を制定、さらにアイルランド自治法案を議会に提出するが、自治に反対する保守党やチェンバレンら一部自由党員の反対を受け挫折。20世紀に入り下院の優越など議会の民主化が進み、ようやくアイルランド自治法が成立するが（1914年）、第1次世界大戦勃発を理由に自治は保留された。これを不満とする民族政党のシンフェイン党は、独立を求めてイースター蜂起を起こすが、反乱は鎮圧された。だが、1918年の選挙で圧勝したシンフェイン党はダブリンに国民議会を開設し、デ・ヴァレラを大統領とするアイルランド自由国の成立を宣するとともに、アイルランド義勇軍（1913年誕生）から発展したIRA（アイルランド共和国軍：Ireland Republic Army）と連携し反英独立戦争を開始する。その結果、英愛（アングロ・アイルランド）条約が結ばれ、アイルランド（南部26州）はイギリス自治領の地位を勝ち取ることに成

功する（1921年：アイルランド自由国）。

　しかし，北部アルスター地方の6州がイギリスに留められたため，この条約を受け入れる自由国政府と，あくまでアイルランド全土の完全独立を求める反条約派の間で内戦が勃発する。その後，議会に復帰した反条約派の指導者デ・ヴァレラが政権を掌握し，1937年には国民投票で採択された新憲法に基づき国名をエール共和国と改称し，完全独立を宣言，国際情勢の緊迫からイギリスもその独立を承認した。1949年には英連邦からも離脱し，現在のアイルランド共和国となる。

　一方，イギリスに残った北アイルランドは，グレートブリテン及び北アイルランド連合王国を構成する一員で，人口は約160万人，首都はベルファスト。タイタニック号が造られた町でもある。英語のほかにアイルランド語とアルスター・スコットランド語も公用語だ。北アイルランドではイギリスへの帰属を主張するプロテスタント系住民（ユニオニスト）と，南北アイルランドの統一を目指すカソリック系住民（ナショナリスト）の対立が続き，両派は居住地区も学校も完全に分離されている。プロテスタントとカソリックの人口比は6対4，プロテスタントの内訳はスコットランド系の長老教会と英国教会系のアイルランド教会が相半ばする。もっとも，アイルランド問題の本質は宗教対立にあるのではなく，差別や貧困という社会構造上の問題にあることを見誤ってはならない。中世の城壁が残るロンドンデリーは，北アイルランド第2の都市，72年に「血の日曜日」が起きた町だ。その名を冠した民謡「ロンドンデリーの歌」は日本では「ダニーボーイ」として知られるが，これは移民で海外に渡ったアイルランド人の望郷の歌でもある。

4　ロンドン

　ロンドンは北緯51度30分に位置し，日本最北端の宗谷岬（45度30分）よりも北で，樺太の中部付近に当たる。しかし暖流の影響で気候は温順で冬の寒さもさほどではない。イギリスの首都であると同時に，世界の政治・経済の中枢であり，現在この町で働く人の数は800万人を超えている。

● ロンドンの範囲

　ロンドンは，シティ（The City）と呼ばれる地域を中心に発展を遂げてきた。シティの行政上の正式名称は「シティ・オブ・ロンドン（City of London）」である。シティ・オブ・ロンドンに「シティ・オブ・ウェストミンスター（City of Westminster）」等13の特別区を含めた地域が，一般にいわれるロンドンのことで，インナーロンドンとも呼ばれる。その郊外に広がる19の特別区はアウターロンドンと称され，両者を併せた「シティ・オブ・ロンドン＋32の特別区」を大ロンドン（グレイターロンドン）と呼ぶ。1965年にこの大ロンドンを管轄する行政機構としてGLC（大ロンドン評議会）が設けられたが，集権化を進めるサッチャー首相がこれを廃止した（1986年）。労働党が勢力を持つGLCを廃止して，国（中央）の主導によってロンドンの大規模な再開発を進めようとしたのである。その後ブレア政権になって新たにGLA（大ロンドン庁）が設けられ（2000年），英国史上初の直接公選首長制も導入された。

● ロンドンとテムズの歴史

　ロンドンといえばテムズ川が想起されるが，ロンドンとテムズ川の物語は2000年ほど昔に遡る。紀元43年，ローマ皇帝クラウディウスが派遣した４万の軍勢がブリテン島制圧のためにイギリス南部を進軍し，今のシティ付近に軍事基地を設けた。また現在のロンドンブリッジ近くに橋を造った。これがテムズに架けられた最初の橋である。ローマ人は駐屯したこの地をロンドニウムと呼んだ。ケルト人たちの呼び名リンディン（湖沼の砦の意味）に由来するが，この「ロンドニウム」がロンドンの語源である。紀元60年には娘をローマ兵士に襲われた復讐に女王ボアディケアが反乱を起こし，町は完全に破壊された。これを教訓に，ローマ人は巨大な壁を町全体に張り巡らせるようになる。

　ローマ帝国の一部に組み込まれたロンドンは交易で繁栄し，紀元250年頃の人口は３万人に膨れ上がった。その後，ローマ軍が撤退し交易網が途切れるとロンドンも一時衰退するが，９世紀にはアルフレッド大王が王国の首都とし，1066年にはウィリアム１世がウェストミンスター寺院で即位，次いで要塞としてロンドン塔を建設するなどノルマンの征服後は王政の中心地となり再び町は栄える。13世紀初めには，司祭コルチャーチの努力で，それまでの木造に代わり最初の石造りのロンドンブリッジ橋がテムズ川に架けられた。

ロンドンの発展はテムズ川の交易によるものだが、川は繁栄と同時に災禍ももたらした。1348年の冬、恐ろしい荷物を積んだ舟がロンドンに到着する。ペストを媒介するクマネズミだ。ペストは街を破壊し尽くしロンドンの人口の1/3に当たる3万人が犠牲になった。全ての経済活動が停止し、町も川も静まり返った。街には死体を集める荷車の鐘だけが響いた。ペストはその後幾度も流行を繰り返し、1665年の大流行では1年で7万人が病に倒れた。この伝染病を最終的に鎮圧したもの、それは大火だった。1666年9月2日日曜日の深夜零時過ぎ、シティのプディングレーンのパン屋トマス・ファリノールの店から火が出た。消したつもりのオーブンの火が残っていたのだ。夏の終わりの暑い日で町は乾燥していた。川風に煽られ、火はたちまち住宅密集地に燃え広がった。火は5日間燃え続け、1万3000軒が消失、8万人が焼け出された。世にいうロンドン大火である。

　鎮火後、ロンドンを復興すべく、パリを意識した大がかりな都市改造計画が提案された。大通りが整備され、教会や公共施設が建ち並ぶ機能集約的な街作りの構想が天文学者にして建築家のクリストファー・レンによって示された。しかし費用や地主の既得権益が障害になり彼のプランは採用されず、木造から煉瓦と石造りの街に生まれ変わったが、エトワール状に大通りが走るパリのような整備された街にはならなかった。彼の計画が一部実現を見たのは、35年の歳月をかけて完成されたセントポール大聖堂である。

　17〜18世紀にかけてロンドンは繁栄と拡大を続け、1801年には人口が100万人に達し、ヨーロッパ最大の都市になる。大英帝国の誕生とともに貿易はピークに達し、紅茶や絹織物、香辛料など世界中の産品が港に溢れた。しかし交易の拡大に伴い、舟の停泊場所が不足するようになった。そこで、テムズの河口に近いロンドンの東部に大規模な埠頭や港湾施設が建設されていった（ドックランズ地区）。1843年には技師ブルネル父子によって、テムズの川底を通る世界初の海底トンネルも完成している。一方、ドックランズで荷受、港湾業務に従事する労働者や移民がその周辺に住みつき、ロンドンのイーストエンド地区は多くの労働者が暮らす下町を形成していった。治安状況も悪く、19世紀後半には"切り裂きジャック"のような猟奇事件も発生した。

　またテムズ川の恩恵で交易が栄え、工業が発達すると、下水の処理が深刻な

22

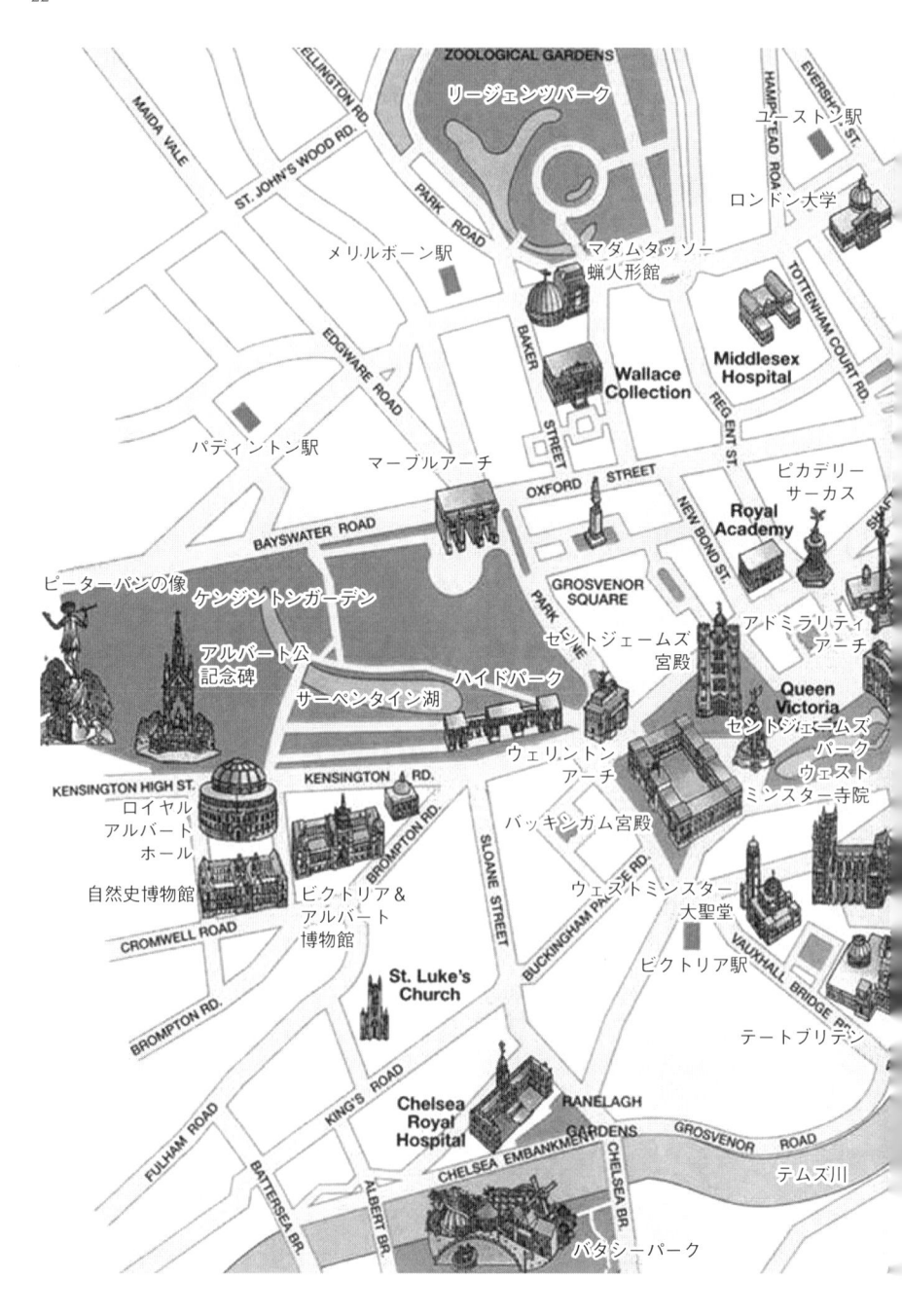

第1章　イギリスという国　23

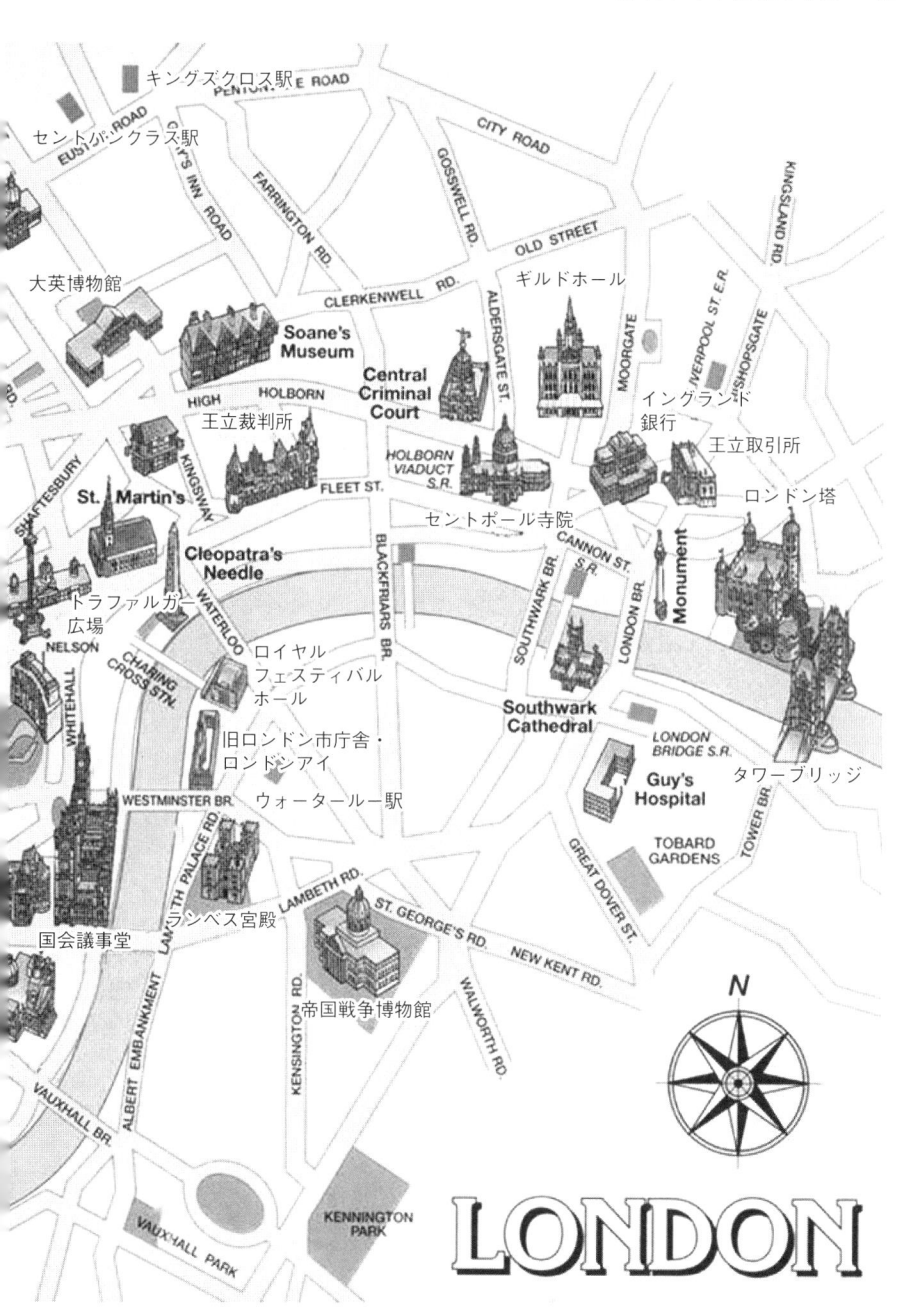

問題となる。1850年代ロンドンは世界有数の大都市となり、人口は250万人に達した。街のインフラは限界に達し、下水から出る汚水が生活飲料水を提供するテムズ川の水を汚染していった。飲み水が汚染されたため、恐ろしいコレラが流行し、1848年には少なくとも1万4000人が犠牲になった。1858年には、川の悪臭に耐えかねて議会も一時避難するほどだった。下水処理問題を解決するため、土木技師のジョゼフ・バザルジェットは、ロンドンの地下にトンネルを掘り、このトンネルを通して汚水を郊外のポンプ場へ運ぶようにした。これでテムズ川の水質は大幅に改善された。バザルジェットの下水道は、今でも使われている。

下水道工事が完成に近づく頃、地上では新たな問題が浮上していた。人口増加と経済の拡大で19世紀半ば、ロンドンの交通量は急増し、慢性的な渋滞が続くようになっていたのだ。その解決策として考え出されたのが地下鉄である。1863年、パディントン～ファリンドン・ストリート間を結ぶメトロポリタン鉄道が開通、4マイルの距離を蒸気機関車が客車を牽引して走った。しかし、この世界初の地下鉄は地面を掘って蓋をする「開削埋戻し工法」で建設されたため、工事中は地上の交通を停止、制限させねばならず、かえって渋滞を悪化させることになった。その後、地上の活動に影響を与えず地下鉄を掘り進める方法として、ブルネル父子や技師ジェームズ・グレートヘッドらが「シールド工法」を開発、改良させ、より深い地下を走るチューブ式地下鉄の路線が飛躍的に伸びていった。

もう一つ、テムズ川がロンドンにもたらす災禍があった。それは高波や洪水の危険である。政治経済の中心であるロンドンが1928年、洪水に襲われた。テムズの水は土手を越えて、国会議事堂とビッグベンを襲った。地下室にいた人たちは閉じ込められ、少女4人を含む14人が溺死した。1953年にも再びテムズ川が氾濫した。大西洋で発生した低気圧が北海で強風とぶつかると、気象学者が「風津波」と呼ぶ高潮が発生する。それが大陸との間（ドーバー海峡）に押し寄せ、河口から進入する。風津波が勢力を増すのは大陸との狭い海峡部分に押し寄せるからだ。度々起こる風津波の高さは、テムズの最高潮位を5m近くも上回る。この洪水の危険に対処するため、建設されたのがテムズバリヤーだ。世界最大の可動式の仕切りで、1974年に始まったバリヤーの建設には8年の歳

月を要した。この防潮堰のおかげで当面の危険は防がれるが、地球温暖化によって風津波が強大化すると、今のバリヤーでは対処できなくなるという。

一方、イーストエンドの様子も大きく変わった。170年もの間、賑わいを見せたドックランズの埠頭も1960年代にはコンテナ輸送の発達で時代遅れとなり、町も寂れた。そこで港湾施設を取り壊し、大規模な再開発が80年代から始まり、かつての埠頭、工場地区はウォーターフロントの洒落たショッピングセンターやロンドン一のハイテク地区へと生まれ変わった。さらに、2012年開催のロンドンオリンピックの会場建設が、イーストエンドの東側で進められた。

● ロンドンの主要スポットと街めぐり

ロンドン発祥の地は、現在、金融の中心街としてイングランド銀行はじめ多数の銀行・商社が集中するシティだが、もう一つの核が政治の中心地ウェストミンスターである。シティ西側は、フリートストリート沿いに王立裁判所や多くの法律学校、それに(映画「ダ・ヴィンチ・コード」で有名になった)テンプル騎士団の珍しい円形教会等が立つ法曹地区になっており、ここを抜けストランドを横切りテムズ川を遡上するように西進すると、ウェストミンスター寺院や国会議事堂、バッキンガム宮殿、首相官邸や中央官庁等が軒を連ねるウェストミンスター地区に出る。

＜ウェストミンスター地区＞

ウェストミンスター寺院(Westminster Abbey)は英王室の聖堂であり、ウィリアム1世から現エリザベス2世に至るまで歴代国王はここで戴冠式を行っている。その際に用いる玉座が安置されており、座部の下には、スコットランドの王が即位の時に座る石(スクーンの石)が置かれている。エドワード1世がスコットランド遠征の際に持ち帰り、組み込まれた。寺院の起源は、7世紀頃、テムズの中州に最初の教会が建てられ、その後聖ペテロに捧げられたベネディクト派の修道院となった。現在の建物は、1065年にエドワード証聖王によって建立され、200年後にヘンリー3世がそれまでのノルマン様式から当時フランスで流行っていたゴシック様式を取り入れて改築している。エリザベス1世やチャールズ2世等歴代25人の王と王妃が堂内の各礼拝堂に眠っているほか、アイザック・ニュートンやチャールズ・ダーウィン、ロバート・スティーヴンソンといった大科学者、少し離れて南翼廊のポエッツコーナーには、チャールズ

・ディケンズやトマス・ハーディ，ローレンス・オリビエ等の名士が眠っている。ただ，シュエイクスピアの墓は故郷ストラトフォード・アポン・エイボンの聖トリニティ教会にあり，ここにあるのは大理石の祈念像だけである。もう一つ，この地区にはヴィクトリア駅近くにウェストミンスター大聖堂（Westminster Cathedral）が聳え立っている。こちらはカソリックの教会で，イギリスには珍しいビザンティン様式，堂内のモザイクが素晴らしい。

　ウェストミンスター寺院の東，テムズの川辺にその威容を映し出しているのが，国会議事堂である。この地には，かつて王宮のウェストミンスター宮殿があり，ヘンリー8世が別の場所に移り住んで以来，議事堂として使われるようになった。しかし1834年に火災で炎上し（ウェストミンスターホールなど一部は残存），公募で選ばれたチャールズ・バリー設計による現在のネオゴシック様式の建物が再建された（1852年）。付設の時計塔は，ビッグベンの愛称で知られる。由来には諸説あるが，時計塔建設工事の責任者は上院議員のベンジャミン・ホール卿で，彼が大男であったためこの名が生まれたと考えられる。塔の高さは96m，大鐘の重量は13.5トン。塔が0.26度傾いていることが最近明らかになったが，ピサの斜塔のようになるには4000年かかるという。ビッグベンの南，テムズ川の岸向かいには，1986年までロンドン市庁舎として使用された建物が目に入る。バブル期には日本の不動産会社が取得し，その使用方法を巡り一時社会問題も起きたが，現在はロンドン水族館やホテルに生まれ変わり，その側にロンドンアイが造られた。

　議事堂の前から北に広がるホワイトホール一帯は官庁街である。地名はヘンリー8世が築いたホワイトホール宮殿（のちに火災で焼失）に由来する。パーラメントストリートを北に向かうと，左（西）側路地に「ダウニング街10番地（10 Downing St.）」で知られる首相官邸が，その少し先（北），右側に迎賓館バンケティングハウスが立つ。2階ホールの天井にはルーベンスが描いた装飾画がある。この建物の外で1649年にチャールズ1世が斬首されたことでも有名だ。通りの左側には，馬上の衛兵が警備する近衛騎兵連隊司令部ホースガーズが控える。さらにホワイトホール地区を北に進むと，チャーリングクロスでバッキンガム宮殿から東に伸びた大通り（マル）と合流する。マルの西端に位置するバッキンガム宮殿は，もとはバッキンガム公の私邸であったが，1761年，ジョ

ージ3世が王妃のために購入した。その後，ジョージ4世が建築家ジョン・ナッシュに大改築を命じ，即位したばかりのビクトリア女王がここを正式の宮殿と定めてセントジェームズ宮殿から移り住み（1837年），以来，王宮の役割を果たしている。宮殿の部屋数は690室，宮殿の背後にパレスガーデンが隣接している。前庭で行われる近衛兵交代の儀式には，世界中から観光客が集う。夏場は毎日，冬期は隔日の実施だ。

＜ウェストエンド＞

　ウェストミンスター地区の北東部はシティから見ると西方に当たるのでウェストエンド（West End）と呼ばれ，ロンドンを代表する繁華街が集まる。ピカデリーサーカスから北に伸びるリージェントストリートには有名ブランド店やデパートが集まる。この通りの東側はソーホー地区と呼ばれ，中華街はじめ世界中の料理店が軒を連ねる飲食・歓楽街をなし，通りの西側のニュー・ボンド・ストリートやバーリントンアーケード周辺は高級ブランド商品を扱う店や画商等が多い。「背広」の語源ともいわれるセビルローには，一流紳士服店が今も営業している。ピカデリーサーカスから南東，つまりテムズ川方向に下ると，トラファルガー海戦の勝利を記念して整備されたトラファルガー広場に行き着く。広場の石柱には，ナポレオンの海軍を破ったネルソン提督の像が，南のフランスの方角を向いて立っている。その足下には銅製のライオン像が四隅に座っており，日本の有名デパートのライオン像のモデルとなった。広場前に立つコリント式列柱の巨大な建物は，ナショナルギャラリー（国立美術館）。2万点の絵画，工芸品が展示されている。

　ウェストエンドはニューヨークのブロードウェイと並ぶ演劇街でもあり，ミュージカルなどを上演する劇場が林立する。ロイヤルオペラハウスが立つコヴェントガーデンは，一昔前まで青果市場であった。「マイフェアレディ」で花売り娘イライザがヒギンズ教授と出会う場所でもある。現在市場は移転し，跡地に大きなショッピングセンターが作られた。いつも多くの人で賑わい，大道芸を見ることもできる。トラファルガー広場から北に伸びるチャーリングクロスロード界隈には本屋が多く，神田書店街に似た趣だ。この通りは北でロンドン有数のショッピング街をなすオックスフォードストリートと交差，そこから先はトッテナムコートロードと名前が代わるが，この通りを右に入れば大英博

物館が近い。600万点の収集品を誇り、入口近くに展示されるロゼッタストーンが有名だが、エジプトのミイラは必見だ。

＜シティとその周辺＞

シティは1平方マイル（2.7 ㎢）の小さいエリアだが、紀元1世紀にローマ軍が城塞都市ロンドニウムを築いたロンドン発祥の地である。ローマ時代に築かれた石壁の内側が本来のシティの領域で、その中で全ての日常生活が整うようになっていた。石壁の一部は現在でも見ることができ、London Wall というストリートにも名を残している。中世以降、商業、貿易で栄え、13世紀ジョン王の時代から独自の議会を持ち、ギルドのメンバーがロードメイヤーと呼ばれる市長を選んだ。国王といえどもロードメイヤーの許可無く立ち入ることができない程の自治特権を享受し、現在もシティは特別の行政区とされ、市長ロードメイヤー（但し名誉職）が存在する。

金融の中心地であり、イギリスの中央銀行イングランド銀行や証券取引所、ギリシャ風建築の王立取引所、シティの市庁舎であったゴシック様式のギルドホールや市長公邸マンションハウス等由緒ある建物が並ぶが、なかでも有名なのがセントポール寺院だ。7世紀初めこの地に木造の聖堂が建てられ、のちに石造りの教会になったが、ロンドン大火で焼け落ちた。そのため、30年の歳月をかけてクリストファー・レンによって再建された（1710年）のが現在の建物。バロック様式で、地下にはネルソン提督やチャーチルの墓がある。チャールズ皇太子とダイアナ妃の結婚式が行われた場所でもある。

シティの南に聳えるのがロンドン塔だ。11世紀にイギリスを征服したウィリアム1世がこの地に要塞を築いたのが起源で、以後増改築が重ねられ現在の姿

ロンドン塔

タワーブリッジ

となるが，その間，数多くの国事犯が幽閉され，処刑された。ロンドン塔の番人は俗にビーフイーターと呼ばれ（正式名称はヨーマンウォーダー），退役軍人が務めている。給料の代わりに牛肉の現物支給であったことからこの名がついた。このビーフイーターとともに，いつしかロンドン塔に住み着いた鳥も有名で，鳥が居なくなるとロンドン塔は滅びるという俗説があるため，遠くまで飛べぬよう鳥の羽根は切られている。ホワイトタワーとビーチャムタワーの間に広がる芝生，タワーグリーンが，罪人を斬首した処刑場の跡である。ヘンリー8世の王妃アン・ブーリンやキャサリンハワード，9日間だけの女王ジェーン・グレーなどがここで処刑され，その記念碑がはめ込まれている。

　ロンドン塔の丁度川向かい，テムズ南岸に少しし捻れたような形状で立つビルは，ロンドン市庁舎だ。ロンドン塔の直ぐ下流に二つのゴシック様式の塔が聳え立っている。これがタワーブリッジ（1894年完成）で，大きな船でも通過できるよう中央部は跳ね橋になっている。この橋をロンドンブリッジと間違う人もいるが，「ロンドン橋落ちた」の歌で有名なロンドンブリッジは，タワーブリッジの一つ上流に架かる橋である。傍には高層のザ・シャードが聳える。
＜イーストエンド＞

シティの市壁を越え北～東部に広がるのがイーストエンド (East End) 地区である。イーストエンドには、ドックランズで働く港湾労働者やアイルランドからの出稼ぎ者、外国移民などが住み着き、古くからロンドンで最も貧しい労働者階級が住む地域といわれてきた。19世紀末、「切り裂きジャック」で有名な7人の娼婦連続殺人事件が発生したのもこの地域である。戦後、都市再開発計画の一環として中高層住宅が相次いで建築され、現在は、下町の住宅街という風情である。

タワーブリッジ付近からテムズを下り、東のテムズバリヤー（高潮防潮堰）あたりまでの両岸地域をドックランズと呼ぶ。19世紀、テムズ川を行き来する貨物船量は急増した。これに伴う停泊場所の不足や船の大型化に対応するため、河口に近いこの地区に多数のドックや桟橋、倉庫、埠頭等の港湾施設が建設されたことに由来する。200年にわたり一大物流拠点として賑わったドックランズも、先述のように戦後はコンテナ輸送の発達等で施設が時代遅れとなり、次第に寂れていった。そこで1980年代以降、大規模な再開発事業が始まり、新交通システム (Docklands Light Railways) の導入やホテル、飲食店街の建設等ウォーターフロントの整備が進められた。高層ビルが林立するカナリーウォーフには大手金融機関がシティから移転し、新たな国際金融センターとなっている。イーストエンドのさらに東には、2012年のロンドンオリンピックの会場が控えている。

＜公　園＞

ロンドンは公園が多いことでも有名である。なかでも、バッキンガム宮殿と隣接するセントジェームズパークとその西のグリーンパークをはじめ、ハイドパーク、ケンジントンガーデン等が知られている。北にはリージェンツパークが、テムズ川上流にはリッチモンドパークが広がる。

ハイドパークはもとウェストミンスター寺院の領地で、のちにヘンリー8世が没収し王室の狩猟場とした。一般市民に開放されるのは17世紀のこと。第1回万国博覧会（1851年）の会場ともなり、産業革命の勝利を誇示するかのような鉄と総ガラス張りのクリスタルパレス（水晶宮）には600万人もの人が訪れた。ハイドパークの西に隣接するケンジントンガーデンには、ピーターパンの像が立つ。ジェームズ・バリーがここに通い、5人の子に語った冒険譚から「ピー

ターパン」の物語が生まれた。チャールズ皇太子とダイアナ妃が住んでいたケンジントン宮殿も，小振りながら瀟洒な佇まいを見せている。イタリア式庭園も美しい。

　北上するとリージェンツパークに行き着く。ハイドパークに次ぐ大きさで，ここもヘンリー8世の狩猟場だった。園内の北隅にはロンドン動物園があり，その周囲を流れるリージェンツ運河には，パディントン駅北西のリトルベニスとカムデンタウンの間を底浅で細長い「ナローボート」と呼ばれる遊覧船が行き来する。産業革命当時，この国には縦横に運河が走ったが，ロンドンも例外ではなかった。物流輸送の役目は既に終え，現在は観光に利用されている。テムズ川の遊覧船からは，ビッグベンやタワーブリッジ等政治経済の中枢ロンドンを眺めることができるが，こちらは緑深いこの町の落ち着いた佇まいを堪能できる。リージェンツパークの南を通るマリルボーンロードに建つのがマダムタッソー蝋人形館。政治家やスター等世界の有名人（そっくりの人形）に出会える場所で，最近はロンドンダンジョン（ロンドンブリッジ近傍の観光博物館。拷問，処刑シーンを再現した展示等が有名で猟奇的雰囲気が漂う）に似たホラーのコーナーや，カートに乗ってロンドンの歴史を体験するアトラクションも人気だ。この通りと交錯してベーカーストリートが南北に走り，その北端にシャーロックホームズ博物館がある。但し小説でホームズが住むとされた221番地ではなく，その少し先（北）に位置する。

＜交　通＞

　ロンドンといえば，赤い2階建てバス（ダブルデッカー，愛称ルートマスター）が想起される。19世紀のロンドンには，2頭立ての乗合馬車が走っていた。なるべく多くの客を運ぶため屋根の上にも人を乗せていた。これがダブルデッカーのルーツ。よく見かけた赤い2階建てバスは1956年に登場し，一躍ロンドンの顔となったが，オープンデッキ構造でEUの安全基準に抵触するとされ，2005年に第一線を退いた。現在街中を走っているバスの多くはタンデムタイプの新車だが，一部の観光路線では今もルートマスターが走り続けており，2012年からは新型のルートマスターも導入される。2階最前列からの景色は秀逸だ。

　もっとも，ロンドン市内は渋滞が多く，確実に目的地に着きたいなら地下鉄が便利。世界最初に地下鉄が開通したのがロンドンで（1863年），ドックランズ

ライトレイルウェイを含め12路線，色分け表示されており，ほとんどの場所に行くことができる。昇降のエスカレーターは右側に立ち，急ぐ人は左側を通る。東京とは反対，大阪と同じだ。蒸気機関車が走っていた当時は外気を入れるための換気用の穴が所々に設けられ，今でもその一部が残っている。地下鉄，バスと並んで黒塗りのオースチンタクシーも有名だ。ブラックキャブと呼ぶが，黒色でないタクシーもいる。キャビーと呼ばれる運転手は厳しいテストをパスしており，運転技術は一流，メーター制で安心だ。乗る前に運転手に行き先を告げ，OKとなれば乗り込む。日本と違いドアは自動ではない。

● ロンドン近郊の見所

テムズ川を遡上しロンドンの西南に向かうと，キューにロイヤルボタニカルガーデンズ（王立植物園）が所在する。俗にキューガーデンと呼ばれる世界有数の植物園で，121haの広大な敷地に，世界中から集められた4万種に上る植物が栽培されている。さらにテムズを上り，リッチモンドの高級住宅街やリッチモンドパークを過ぎると，右岸にハンプトンコート宮殿の偉容が見えてくる。側近ウルジー枢機卿の邸宅を譲り受けたヘンリー8世が大改築をして築いた宮殿である。16世紀の王室の台所が再現されているチューダーキッチンは興味深いが，それよりも幽霊の現れる宮殿として有名だ。ヘンリー8世の5番目の王妃キャサリン・ハワードは，若い男との不義密通により処刑されたが，この宮殿からロンドン塔へ送られる間際，チャペルで祷りをあげる王に直接助命嘆願を訴えようと試みたが衛兵たちに無理やり連れ去られた。その王妃の悲鳴が今もこの宮殿のチャペル付近の回廊（ホーンテッドギャラリー）で聞こえるという。また銀の杖回廊には，3番目の王妃ジェーン・シーモアの霊が毎年10月12日，死産した王子エドワードの誕生日に出産用のドレスに火をともした蝋燭を携えて現れるそうだ。

ハンプトンコートを過ぎテムズを今少し遡ると，ウィンザーの街に着く。川の右岸にはパブリックスクールの名門イートン校が，左岸にはウィンザー城が聳え立つ。ウィンザー城は，11世紀，征服王ウィリアム1世がロンドン防衛の目的で築いた要塞が起源で，その後タワーや城壁が増築され，現在のような豪華な王宮へと変身を遂げていった。ここでも衛兵交代式が行われている。城内にあるセントジョージ礼拝堂にはヘンリー8世が葬られている。城から南に伸

びる 5 km の遊歩道（ロングウォーク）は圧巻である。

　さて，今度は反対にロンドンからリバーボートでテムズを下ると，カナリーウォーフを経てほどなく世界標準時でお馴染みのグリニッジに至る。対岸のアイル・オブ・ドッグズから歩行者用海底トンネルを通り，テムズの川底を潜って街に入ることもできる。東経西経 0 度の子午線が通る旧王立天文台や国立海事博物館，中国からの紅茶輸送で活躍した快速帆船（ティークリッパー）のカティサーク号（火災で焼失後，復元）などが見所だ。埠頭の側に見える立派な建物は旧王立海軍大学で，現在はグリニッジ大学が入っている。グリニッジから船でさらに10分も行けば，2012年のロンドンオリンピックで会場の一つに使われたノースグリニッジアリーナ（旧称 O_2 アリーナ）だ。映画「007 ワールド・イズ・ノット・イナフ」の撮影でも使われた。テムズ川を跨ぎグリニッジとドックランズを結ぶのがエミレーツ・エアライン。ロンドンオリンピックに合わせ開業したロープウェイで，新たな観光名所になっている。ロンドンを洪水から守る防潮堰テムズバリアーも，興味深い見学スポットだ。

● 注釈
1）　加藤恭子『アーサー王伝説紀行』（中央公論新社，1992年）175頁。
2）　E. ホブズボウム他編『創られた伝統』前川啓治他訳（紀伊國屋書店，1992年）29〜72頁。

● 参考文献
[イギリスとは]
森護『ユニオンジャック物語』（中央公論新社，1992年）
[国土と自然環境]
ルイ・カザミヤン『大英国』手塚リリ子他訳（白水社，1996年）
安藤萬壽男他『新訂イギリスとアメリカ』（大明堂，1994年）
[各地域の風土と文化]
沢田京子『イギリス聖地紀行』（トラベルジャーナル，1996年）
高橋哲雄『スコットランド　歴史を歩く』（岩波書店，2004年）
波多野裕造『物語　アイルランドの歴史』（中央公論新社，1994年）
[ロンドン]
Gavin Weightman, *London River* (Collins & Brown, 1990)
Richard Tames, *A Traveller's History of London* (The Windrush Press, 1992)
Jonathan Kiek, *Everbody's Historic London* (Quiller Press, 1984)

川成洋・石原孝哉『ロンドン歴史物語』（丸善，1994年）
クリストファー・ヒバート『ロンドン』横山徳爾訳（朝日新聞社，1997年）
小林章夫『ロンドン A to Z』（丸善，1991年）
鈴木博之『ロンドン』（筑摩書房，1996年）
出口保夫『女王陛下の町ロンドン』（PHP研究所，1994年）

第2章　イギリスの歴史

1　ユーラシアの辺境：先史〜古代

●大陸から分離

　グレートブリテン島に人類が住み着くようになったのは20万年以上前のことといわれる。1万年前（旧石器時代）までこの地はヨーロッパ大陸と地続きであったが，氷河の後退に伴い紀元前6000年頃に大陸から分離して島となる。やがてこの島にもオリエントから農耕・牧畜が伝播し，前3000年頃には新石器時代に入る。そして紀元前3000〜2500年頃イベリア半島から地中海人種が移住し巨石文化を築く。ソールズベリー近郊のストーンヘンジはその代表で，紀元前2200年から紀元前1300年頃までの900年間かけて築かれたと考えられる。ウィルトシャー州エイヴベリーにも，類似の環状列石遺跡が存在する。

　その間，前22〜18世紀頃，ラインラントから青銅器文化を持つビーカー人と呼ばれる一派が渡来，さらに前7世紀以降，鉄器を持つケルト人（ローマ人はガリア人と呼んだ）がブリテン島に移り住み，先住のビーカー人等を征服する。ケルトの渡来は数世紀の間，何波にも分かれて続き，初期に移住した種族はゴイデル人，後から移り住んだ一派ベルガエ人はローマ人からブリタニ（ブリトン人）と呼ばれた。これが，この島を意味するブリタニアの語源となる。ケルト人は，占星・予言者で政治的な調整力も発揮したドルイドと呼ばれる祭司から神々や霊魂輪廻を学んだ。ドルイドはオークの枝に宿り木を結わえて崇拝の儀式を行い，人間を生け贄に捧げたという。ケルト人は紀元前1世紀までにブリテン島をほぼ制圧し，アイルランドにも支配領域を広げた。勇猛なケルト人は丘陵に砦を築き"丘の戦士"とも呼ばれたが，30程の部族に分かれたままでブリテン島の統一は果たせず，また文字を持たなかったため生活ぶりなど不明

な点が多い。

●ローマ軍の侵入

　大陸でローマ帝国とケルト人の対立が強まる頃，この島にもローマ軍が侵入する。ケルト人と戦っていたカエサルが紀元前55年，ガリア地方のケルト人を支援するブリトン人を討つため海を渡り，ドーバー付近に上陸した。ブリトンの各部族は得意の戦車戦術でローマ軍に抵抗したが，重装歩兵を誇るローマ軍の敵ではなかった。だがローマ側も補給面の円滑さを欠き，カエサルはブローニュに引き返す。翌年カエサルは再びブリテン島に侵攻，この時もブリトン人を打ち破るが，多数のローマ船団が嵐に遭い沈没，またガリア地方で反乱が起きたため，彼はガリアへ引き上げた。

　ローマ帝国のブリテン島支配が本格化するのは，第４代皇帝クラウディウス帝の時代である。紀元43年，豊富な鉱物資源や農産物に目をつけたクラウディウスは５万の大軍を動員しブリトン島征服計画を実行。コルチェスターでブリトン軍を破り，ローマへの忠誠を誓わせる。ボアディケア王妃の反乱が勃発し，一時コルチェスター，ロンドンが奪われるが，１世紀末には北部を除きローマ軍が制圧し，同島はローマの属領ブリタニアとなる。ただ，スコットランド（カレドニア）の山岳地帯に住むピクト人は最後まで抵抗しローマの支配下に入らなかった。122年，ハドリアヌス帝が島を訪れ，北方警備を厳とすべく，ニューキャッスルからボーネスに至る全長120kmの防塁を築かせた（ハドリアヌスの壁）。続く皇帝アントニヌス・ピウスの治下，総督ウルビクスがスコットランド南部を制圧し，ハドリアヌスの壁の北方，フォース湾～クライド湾を結ぶ地に60kmの防塁（アントニヌスの壁）を築かせた（142年）。この両帝の時代にローマのブリテン支配は確立するが，兵力不足で持ちこたえられずアントニヌスの壁はのちに放棄され，ハドリアヌスの壁がローマのブリタニア支配の境界線となる。ローマ帝国は３～４の軍団をブリタニアに配備，ロンドンを中心に４本の軍事用幹線道路を建設し，各地に部隊を駐屯させた。その統治は，ケルト人の部族国家を行政の基本単位（キビタス）とするなどケルトの自治を許すものであった。

　ローマ帝国末期（軍人皇帝の時代），皇帝の座を狙い各地の総督が暗躍し，属領の秩序も乱れた。ブリタニアでも２世紀末，総督アルビヌスが帝位を求めて

駐留ローマ軍団を率いて大陸に渡り，その隙に乗じてスコット族がハドリアヌスの壁を越えてヨーク，チェスターに進出した。軍人皇帝セベルスは自らこの島に渡りスコットランドへの侵攻を試みたが，逆にスコット族のゲリラ攻撃に苦しんだ末，ヨークで死亡する。その後もスコット，ピクトの南下は繰り返され，ブリトン人農民の反乱も発生した。やがてゲルマン民族への対処から，ブリトン島駐屯のローマ軍団は大陸に召喚され，ローマの支配はさらに弱体化する。395年，ローマ帝国は東西に分裂。ゴート人の侵入対策に追われた西ローマ皇帝ホノリウスは410年，諸都市に自衛を命じ，ローマのブリテン島防衛任務を放棄した。350年続いたブリタニアにおけるローマ支配は，ここに終了した。

2　中世のイギリス

●アングロサクソンの渡来

ローマ支配の終焉後，ゲルマン民族のブリテン島への侵攻が活発化する。5世紀頃からブリタニアに侵入したゲルマン族は，ドイツライン川地方からきたアングル族，ザクセン地方から来たサクソン族，ユトランド半島から来たジュート族らの混成で，一般にアングロサクソン人と総称される。このアングロサクソンと先住のケルト系ブリトン人の間で激しい戦いが繰り広げられ，アングロサクソンはブリタニア東南部を制圧し，追われたケルトはウェールズやアイルランドなど辺境へ逃れた。

6世紀初め，ブリトン人を率いるアンブロシウス・アウレリアヌスが東から攻め込むアングロサクソン人をベイドン丘の戦いで破り，その西進を食い止めた。アーサー王伝説は，この戦いの過程から生まれたが，ベイドン丘の戦いの結果，ウェールズやアイルランドはアングロサクソンの影響をあまり受けず，ローマ的ケルトの文化が維持された。一方西に追われたブリトン人の一部はフランスのブルターニュ地方に移住する。この地と区別するため，ブリテン島はグレートブリテンと呼称されるようになる。

波状的な侵入で徐々にブリタニアを制圧していったアングロサクソン人も，当初はケルトと同じく多数の部族、小王国に分かれていたが，徐々に統合が進

み，6世紀後半にはノーサンブリア，イーストアングリア，エセックス，ケント，マーシア，サセックス，ウェセックスの"七王国時代"を迎える。当初ノーサンブリア，マーシアが有力だったが，のちにウェセックス王国が勢力を伸ばし，同国王エグバートがイングランド統一国家を樹立する（829年：アングロサクソン王国の成立）。6世紀末，ローマ教皇グレゴリウス1世がアウグスティヌスを布教のためブリテン島に派遣し，彼はカンタベリーにこの島で最初の教会を建設する。やがてアングロサクソンの中にキリスト教が広まり，ウェセックス王国も統一促進のためキリスト教に改宗する。もっとも，ローマカソリックの布教以前に北方からアイルランド系のキリスト教が入っており，ゲルマンの侵入を避けて北に逃れたケルトがこれを信仰した。双方は対立したが，664年の教会会議で，南から伝わったローマカソリックが公認された。アングロサクソンのキリスト教化でゲルマンのラテン化が進み，8世紀頃，アングロサクソン戦士の生活ぶりを伝える最古の長編叙事詩「ベオウルフ」が作成された。

● **バイキングの襲撃**

ウェセックス王国によるアングロサクソン統一がなった頃，ブリテン島はノルマン人の一派デーン人の侵入を受ける。ノルマン人とは「北方の人」の意で，スカンジナビア半島からデンマークに住むゲルマン人の総称で，バイキングとも呼ばれる。ノルマン人のうちスウェーデン系は東方へ，ノルウェー系は西北方へ，そしてデンマーク系のデーン人は西南方へと進出した。当初は海岸地帯での一時的略奪であったが，やがて河川伝いに内陸深く攻め込み，教会，修道院等の財産を奪い定住化の動きを見せる。デーン人の居住地をデーンロー地帯と呼ぶが，修道院を中心に発展したアイルランドの文化はこの侵入の過程で絶滅し，9世紀後半，イングランド東北部もデーン人の支配下に組み込まれた。ウェセックス王のアルフレッド大王（エグバートの孫）はアングロサクソン勢力を結集しデーン人の侵入を食い止めるが，全面撤退は勝ち取れなかった。そこで彼はデーン人との共存路線を取り，デーン人の首長をキリスト教に改宗させるとともに，ドーバーからロンドンを通りチェスターに至るウォトリング街道より東側を，デーン人の支配地域と認めた。また国王エゼルレッド2世は宥和金を支払うことで再開されたバイキングの攻撃に対処したが，やがてデンマーク王スウェインによってノルマンディに駆逐され，スウェインの子カヌートが

国王となり，イングランドはデンマーク王朝に支配される（デーン朝：1016～42年）。

● **ノルマン征服王朝とアンジュー帝国：大陸への関与と挫折**

カヌートが死去しデーン朝が3代であえなく崩壊すると，エセルレッドの遺児エドワード懺悔王がアングロサクソンの支配を復活させたが，王子に恵まれなかった。エドワードの死後，義弟ウェセックス伯ハロルドが即位（ハロルド2世）したが，ノルウェー王ハーラルが継承権を主張し，兵をイングランドに進めた。ハロルドはこれをヨーク付近に破ったが，やはり継承権を主張するノルマンディ公ギヨームがイングランドに侵攻し，ヘースティングの戦いでハロルドを倒し，ウィリアム1世としてノルマン朝を開設する（1066年）。彼はアングロサクソン貴族の土地を没収し、改めてノルマン騎士，アングロサクソン貴族，司教らに封土として与えるとともに，諸侯に忠誠を誓わせ（ソールズベリーの誓い）封建支配を確立させた。また徴税の便を図るため，全国規模の土地台帳「ドームズディブック」を作成させた。ノルマンの征服によってブリタニアは大陸勢力の支配を受け，その属領となる。フランス王家（カペー朝）の一家臣がイングランド国王となったことは，フランスに対するイングランドの隷従を意味し，長い英仏抗争の種がここに蒔かれた。

ウィリアム征服王の死後，王位継承争いが続き，12世紀半ば，フランス領主アンジュー伯アンリがヘンリー2世としてプランタジネット朝（1154～1399年）を開いた。彼はノルマン朝以上の強力な王権の下に封建体制を整備したが，活動拠点は終始本拠のフランス（アンジュー伯領）に置かれた。ヘンリー2世の領域はフランス国土の西半分（ノルマンディ～ピレネー山脈）にイングランドを加えた広大なもので，当時のフランス国王を凌ぐものであった（アンジュー帝国）。

彼の子チャード1世は第3次十字軍に出征し，獅子王の名を轟かせたが，帰国の途次ドイツ皇帝の捕虜となり，膨大な戦費と身代金負担のため諸侯の反発を招いた。次王ジョンはフランス国王と争い大陸所領の多くを失った。また重税に叛旗を翻した封建諸侯の要求に屈し，マグナカルタに署名する（1215年）。国王に対する貴族の封建的諸特権の再確認が大半を占めたが，ロンドン市の権益や自由人の生命，財産の保障等も規定され，英憲政史上大きな意義を持つも

のであった．さらに諸侯は次王ヘンリー3世に対して強い国政監督権を認めさせ（オックスフォード条項），13世紀半ばエドワード1世の時代には，国王と臣下の話合いの場である模範議会（モデルパーラメント）が設けられた．この中世議会はエドワード3世の時代，庶民層の成長を反映して，貴族・聖職者の構成する上院（貴族院）と騎士・市民の代表で構成する下院（庶民院）からなる二院制議会へ発展し，都市市民の政治参画に道が開かれた．この間，エドワード1世はケルトの抵抗を抑えてウェールズを属領化したほか，ケルト系王室の断絶を捉えてスコットランドに介入，スコットランド側はフランスのカペー朝と連携してイングランドに対抗した．

　14世紀，エドワード3世は毛織物工業の育成に努める一方，フランドル諸都市の利権やフランス王位継承権を主張して百年戦争（1337～1453年）を開始する．それは，大陸領土を失ったアンジュー家の所領回復運動でもあった．開戦当初，クレーシーの戦いを機にイギリスが優勢に立つが，ペストの発生や大規模な農民一揆，王朝交代（ランカスター朝の成立）などで中盤はフランスが優位を占めた．その後イギリスが攻勢を掛け，フランス王位継承権を獲得するが，ジャンヌ・ダルクらの活躍で英軍はカレーを残しフランスから駆逐されてしまう．ノルマンの征服以降，イギリスは大陸国家の一部となるが，ジョンによるフランス北西部喪失に続く百年戦争の敗北でフランス国王との封建関係は清算され，以後，イギリスは島国としての性格を強めていく．また敗戦で高まった封建諸侯の不満を背景に，ランカスター家とヨーク家の王位継承争いが30年の内乱（バラ戦争：1455～85年）となり，その過程でヨーク朝が誕生，諸侯・貴族は衰退し，王権の強化に途が開かれた．

3　躍進する海洋国家：近世

3-1　絶対主義の成立
● チューダー朝

　ユーラシアの辺境に位置し，しかも大陸の拠点も失ったイギリスはヨーロッパ世界の中で最も後進的な国の一つに過ぎなかった．しかしチューダー朝の約100年を通して国王権力は伸張し，内政の充実を背景に海洋国家への途を志向

し，先発のポルトガル，スペインを射程距離に捉えていく。

　1485年，ボズワースの戦い（バラ戦争最後の戦い）でリチャード3世を倒したヘンリー・チューダーは，翌年ヨーク家のエリザベスと結婚し，ランカスター，ヨーク両家の結合を図りヘンリー7世としてチューダー朝を開設した。彼は封建貴族の勢力を削ぐとともに司法の中央統制を目的に星室裁判所を設置する等王権の強化や官僚機構の整備に努め，毛織物工業を保護し王室財政の確立にも取り組んだ。外交では，婚姻という穏健な政策を展開，具体的には，長男のアーサーをスペインのイサベラとフェルジナンドの娘キャサリンと結婚させ，アーサーが死ぬと次男ヘンリーを再びキャサリンと結婚させて当時の覇権国家スペインとの同盟関係を構築，また娘のマーガレットをスコットランドのジェームズ4世に嫁がせ，これがのちの両王国合体の基礎となった。

●ヘンリー8世と英国教会の創設

　続くヘンリー8世の治下，イギリスの絶対主義が確立するが，それは彼の断行した宗教改革と深く関わっていた。この国の宗教改革は，信仰教義の問題よりも国王の離婚という世俗的な動機から始まった。もともとヘンリー8世は熱心なカソリック信者だったが，世継ぎの生まれない王妃キャサリンと離婚し，宮廷女官のアン・ブーリンとの結婚を望むようになる。しかしカソリックの教義上離婚は禁止されており，教皇クレメンス7世も離婚を承認しなかった。ヘンリー8世は教皇との交渉役ウルジーを解任し，トマス・クロンウェルを起用して宗教改革の断行を決意する。

　まず側近のクランマーをカンタベリー大司教に任命し，キャサリンとの結婚無効を宣言させて事実上離婚の承認を取り付け，既に彼の子（のちのエリザベス1世）を宿すアンを王妃とした（1533年）。そして国内の紛争を直接ローマの裁判所に持ち込むことを禁じる上告裁判法や国王を英国教会の地上における唯一最高の首長とする国王至上法（首長令）（1534年）を制定し，英国教会（Angelican Church）を成立させ，ローマ教会からの独立を図った。国教会の成立で国王と教皇の関係は断絶，国民の教皇への金銭上納は禁止された。また教会の説教壇が国王の意志伝達機関として利用される等宗教権力の排除と王権の浸透が進んだ。もっとも，国王の私人的意図が先行した改革で，しかも短期間で進められたため，英国教会の教義や儀式はカソリック的な色彩を色濃く残していた。

さらにヘンリー8世は修道院解散法を制定し，国教会への反体勢力となりうる修道院を解散・破壊した。400以上の修道院が破壊され，その莫大な所領や保有財産は全て没収され，土地の大部分はジェントリー（農民と貴族の中間に位置した土地所有者）らに払い下げられた。当時，新大陸の発見に伴い毛織物需要が増大したことや，銀の流入による価格の上昇に促されて，ジェントリーらの地主は競って解放農地や共有地を小作人から取り上げ，生垣や塀で囲い込んで羊の飼育に充てるようになる（第1次囲い込み）。トマス・モアが『ユートピア』の中で「大人しい羊が今では非常に大食いで荒々しくなり，人間をも食い殺してしまう」と書いた状況である。ヘンリー8世による修道院領地の没収・払い下げは，王室財政の改善に寄与しただけでなく，牧羊地を求めるジェントリー層の利害とも合致し，彼らの台頭を促すことにもなった。

　このほかヘンリー8世は常備海軍を創設（1532年），艦艇保有数の増加や大口径大砲の積載に取り組み，世界初の舷側砲装備艦メリーローズ号を就役させたほか，既存ルートへの参入はスペインを刺激するため，市場開拓のために北（北極圏）回りでアジアを目指す北西・北東航路の開発も試みる等イギリスのシーパワーと海外発展の礎を築いた。

　ヘンリー8世が死去し，長男エドワード6世が後を継いだが夭逝したため，彼の姉がメアリー1世として即位する。メアリーはヘンリー8世以来の宗教改革路線を否定し，教皇権を再確認するとともに国教会をローマカソリック教会に復帰させ，聖職者からプロテスタントを追放しカソリックに置き換えた。またメアリーはカソリック陣営の中心人物スペインの皇太子フェリペ（後のフェリペ2世）と結婚する。スペインや教皇の影響力拡大を懸念した枢密院は，フェリペにイングランド王位継承権を認めないという条件でこの結婚を承認したが，スペイン国王となったフェリペがイギリスを対仏戦争に巻き込んだため，唯一大陸に有していた拠点カレーも失った（1558年）。さらにメアリーはカソリックへの復帰に反発する国教徒や清教徒を徹底的に弾圧，異端火刑法を復活し300名ものプロテスタントを火刑に処し，「血のメアリー」と恐れられた。

●エリザベス1世の時代

　続くエリザベス1世の時代，イギリスの絶対王政は最盛を迎えた。生涯独身を通し「国家と結婚」したエリザベス1世の下で英国は強国スペイン打ちを破

る等国力が充実し，辺境の島国から大海上帝国へと成長する基礎が築かれた。1558年，メアリー1世のカソリック復活に伴う新旧両派の抗争で国内が二つに割れる混乱状況の中で即位したエリザベスは，国王至上法や統一法により全国民の信仰を国教会に統一させ，一切の官吏を国教徒に限る等英国教会の基礎を確立させた。ただ，新旧両派の対立による国内分裂を回避するとともに，西仏等カソリック強国に介入の機会を与えぬよう，彼女は国教会の内容を，教義上はカルビン主義に近いが儀式的にはカソリックに類似したものとし，中道的な路線を採った。この不徹底さに不満を抱いたのが清教徒である。清教徒はイギリスの宗教改革は不十分とし，残存するカソリック流の儀式を排除する等国教会の浄化を求めるようになる。

　一方，北部ではカソリック勢力が反乱を起こした（1569年：北部の反乱）。反乱軍はカソリックの復活やメアリー・スチュアートをスコットランド女王に復位させエリザベスの後継者と認めること等を求めてヨークシャーまで攻め込んだが，鎮圧された。しかし翌年ローマ教皇ピウス5世はエリザベスを破門し，その王位剥奪を宣言した。カソリック勢力の象徴は，スコットランド女王メアリー・スチュアートであった。エリザベスが，ローマ教皇からの結婚許諾を得られなかったアン・ブーリンの娘であるのに対し，メアリーはヘンリー7世の曾孫で，自らもイングランド王位の継承権を主張していた。メアリーは北部の反乱の前年にスコットランド王位を捨ててイングランドに亡命していた。エリザベスは彼女を19年間幽閉したが，メアリーがエリザベス打倒を掲げるカソリック勢力に再三利用されたため，バビントン陰謀事件を機に処刑に踏み切った（1587年）。

　宗教対立という内政問題を処理すると同時に，エリザベス1世は重商主義を推進した。毛織物商人たちに独占的特許状を与えてその活動を保護したほか，東インド会社を設立（1600年），さらにバージニアの植民地化に取り組む等貿易や領土の拡大に努めた。外交ではスペインとの関係が険しさを増していった。彼女はフェリペ2世の求婚を退け，オランダの独立運動を支援した。オランダを支援したのは宗教上の理由だけでなく，イギリスの対岸フランドル地方に強大なスペインの勢力が存在することを嫌ったためである。また北方航路でのアジア到達を断念し，英商船が一転してアフリカやカリブ海に乗り込んで貿易活

動を行うようになり、ポルトガル、スペインとの関係は悪化した。エリザベスはアフリカ航海の禁止を解き、ポルトガルの抗議を撥ねつけたが、スペインとの関係には慎重な姿勢を堅持し安易な好戦論は退けた。もっとも、ホーキンズやドレイク等シードッグと呼ばれた海賊のスペイン商船隊への略奪行為は事実上公認した。ホーキンズはスペインの目を潜ってアフリカの黒人奴隷を西インドや南米に売り込み、またカリブ海域のスペイン商船を襲った。ドレイクはイギリス人として初めて世界周航をなし遂げ（1577～80年）、その途次スペインの植民地や商船から30万ポンドを越える莫大な分捕り金を持ち帰った。イギリスは彼らの海賊行為を容認することで、覇権大国スペインに非公然たる挑戦を挑んだのである。

　ネーデルランドの新教徒を支援し、またトラデシラス協定を無視し新大陸との交易を侵すイギリスに掣肘を加えるべく、フェリペ2世は無敵艦隊（アルマダ）を出動させる（1588年）。リスボンを出港した130余隻、兵員3万余のスペイン艦隊に対し、わずか34隻の軍艦と海賊船を掻き集めただけの英海軍では戦力に格段の開きがあったが、軽快な小型帆船でスペインの大型船に縦横の攻撃を加えた。気象も味方し、イギリスが勝利を掴み取り、スペインの海上支配に大きな打撃を与えた。

3-2　革命と立憲君主制の確立
● 清教徒革命と英蘭戦争

エリザベス1世が未婚のまま没し、チューダー朝は断絶する。そのためメアリ・スチュアートの子スコットランド国王ジェームズ6世がイングランド国王ジェームズ1世として即位し、スチュアート朝を開いた。これによりイングランドとスコットランドは同君連合となる。この王朝の下でイギリスは2度の革命を経験するが、その過程で国内の体制が固まり、18世紀における覇権獲得の基盤が築かれるのである。

　ところで、イギリスでは12世紀の後半から農村で貨幣地代が広く採用された結果、農奴制が崩れて独立自営農民（ヨーマン）が形成された。イギリスはネーデルランドへの羊毛輸出国であったが、毛織物市場の拡大に伴い、自営農民の中には農業経営の傍ら毛織物生産に従事する者も出始める。彼ら富裕な自営

農民やジェントリー，手工業者が囲い込み運動で農地を失った貧農を賃金労働者として雇い入れ，16世紀後半，マニュファクチュア（工場制手工業）による毛織物工業を発展させていった。また外国貿易や問屋制度の発達につれて商人の勢力も強まる。彼ら中産市民層（ブルジョワジー）がイギリス資本主義の担い手となるのだが，その多くは清教徒（ピューリタン）であった。既述したように英国教会の制度や儀式は旧教的色彩が強く，清教徒は旧教的制度の廃止や儀式の単純化を主張し，信仰箇条の変更を説いた。しかしその主張は容れられず，国王の弾圧や国教会の強制に反発した清教徒の一部は新大陸へ移りアメリカ建国を主導し，本国に残った者たちは革命の原動力となった。

　さて，ジェームズ1世は王権神授説を唱え，議会を無視して専制政治を行った。また国教会を支持し，清教徒等非国教徒を弾圧した。次のチャールズ1世も王権神授説の信奉者で，議会を無視して新税を取り立て，清教徒を弾圧した。王の専制に対し議会は，議会の同意無き課税や不法逮捕に反対する「権利の請願」を提出するが，王はこれを無視し議会を解散させた。1640年，スコットランドで反乱が起き，チャールズ1世は鎮圧のための戦費を調達するため11年ぶりに議会を開くが（短期議会），増税要求が拒否されたため国王は議会を解散した。同年末，スコットランドの反乱軍に敗れた国王が賠償金を支払うため再び議会を招集したが（長期議会），ここで王党派と議会派の対立が激化し，1642年から内乱（清教徒革命）が始まった。

　内乱の過程で議会派は，国王との徹底抗戦を説く独立派と穏健な立場の長老派に分裂するが，独立派のクロムウェルが清教徒を中心に鉄騎隊を編成し，議会派を勝利に導いた。彼は長老派を議会から追放，1649年にはチャールズ1世を処刑して共和政を樹立した（1649～60年）。ジェントリー出身のクロムウェルは，財産と参政権の平等を求める水平派を弾圧する一方，王党派の拠点となったアイルランドやスコットランドを武力制圧し，大規模な土地没収が強行されたアイルランドはイングランドの事実上の植民地と化した。この間，クロムウェルは商品の輸送を英船と相手国船に限る航海法を制定し（1651年），中継貿易を主とするオランダに打撃を与えた。さらに1650～70年代，イギリスは3度オランダと戦端を開き，その海上派遣を奪取する。

　しかしクロムウェルの厳格な清教主義政策は国民の反発を買い，彼の死後，

王党派や長老派が勢力を盛り返し共和政は倒れ，亡命中のチャールズ1世の子が帰国しチャールズ2世として即位し，王政復古が実現する（1660年）。彼は帰国直前，政治犯の大赦や信仰の自由を保証するブレダ宣言を発した。また即位当初は国教会主義を推進したが、次第に専制化しカソリックを擁護したため，議会は審査法を制定して官吏を国教徒に限定し，人身保護法によって市民の自由を確保した。この過程で議会には，王権に寛容で王弟ジェームズを王位継承者と認めるトーリー派と，それに反対するホイッグ派という二つの党派が形成され，後の二大政党制の基礎となる。

その後，ジェームズ2世が王位を継ぐが，彼もカソリックと絶対王政の復活を謀ったため，議会は一致して国王をフランスに追放し，代わって王女メアリー（ジェームズの長女）とその夫オランダ総督のウィレム（ウィリアム3世）を共同統治の王としてオランダから招いた。1689年，両王は議会が提出した権利の宣言を承認し，「権利の章典」として発布した。これは国民の生命・財産の保護等を定めたもので，国王大権は大幅に制限され，議会が主権を握る立憲王政がここに確立する（名誉革命）。

● ハノーバー朝と責任内閣制度の成立

ウィリアム3世を継いだアン女王の治下，スコットランドがイングランドに併合され，イギリスは大ブリテン王国となる。そのアンも死去しスチュアート朝が途絶えると，遠縁に当たるドイツのハノーバー選帝侯が迎えられ，ジョージ1世としてハノーバー朝を開いた。現在のウィンザー朝の祖である。

英語の理解できない国王は在位中2回しか閣議に出席せず，政治は全て閣僚の手に委ねられた。次のジョージ2世もやはりドイツ人で英語が不得手のため，閣議出席は33年の在位期間中1回きりであった。2代続いて国王が閣議に出席しなかったことから，「国王は君臨すれども統治せず」の原則が確立される。王に代わり会議を主宰し各閣僚を統括する大臣の発言権が高まり，この役割を果たす大臣は首相（総理大臣）と呼ばれるようになる。初代の首相はホイッグ党のウォルポールで，21年間首相の座に留まり，内閣が議会に責任を負う責任内閣制が形成されていった。

経済通のウォルポールは，投機的な株式投資ブームとそれに続く南海会社の株価大暴落による経済恐慌（南海の泡沫事件）で手腕を発揮したほか，英産業の

妨げとならぬよう戦争回避に努めた。長期の平和をもたらした彼の外交政策は「ウォルポールの平和」と呼ばれたが，財政制度も整備されイギリスの軍事力が高まったこともあり，彼の政策は軟弱外交と批判され，その失脚後，ホイッグ党のウィリアム・ピット（大ピット）が攻勢外交を展開する。

● フランスとの死闘：第2次百年戦争

ウィリアム3世の即位で英蘭の対立には終止符が打たれ，以後，スチュアート〜ハノーバー朝のイギリスは，カソリック大国フランスとの覇権闘争を繰り広げていく。両国の抗争は100年以上（1689〜1815年）続き，『英国膨脹史論』を著したシーリーはこれを第2次百年戦争と呼んだ。それはファルツ（1689〜97年），スペイン（1701〜13年），オーストリア（1740〜48年）の各継承戦争と七年戦争（1756〜63年）の四つの王朝戦争からなり，このうちファルツ，スペイン継承戦争がルイ14世との戦いであった。

ライン川西岸の南ドイツ領ファルツの地を得ようとするルイ14世に対し，ウィリアム3世は独，西，墺等とアウグスブルク同盟を結んで対抗，またラ・オーグの海戦でフランス艦隊を破り，ルイ14世の企図を阻んだ。その後，死去したスペイン王カルロス2世が遺言でルイ14世の孫フィリップを後継者に指定したため，ハプスブルク・ブルボン両家の合体を嫌ったイギリスは，やはり相続権を主張するドイツ皇帝レオポルド1世やオランダと同盟してフランスに対抗した（スペイン継承戦争）。マールバラ公ジョン・チャーチルがブレンハイムの戦いでフランス軍に圧勝するなど戦いはイギリスの優位で推移し，フランスはスペイン王位継承権は認められたが領土の併合はまたも阻止された。その後，シレジアの領有権をめぐるオーストリアとプロシャの対立から，オーストリア継承戦争および七年戦争が勃発したが，前者でフランスがプロシャにつけばイギリスはオーストリアに，逆に後者の戦いでオーストリアをフランスが支援すれば，今度はプロシャに味方するといった具合に，絶えずイギリスは大陸における勢力の均衡維持に腐心し，フランスの覇権獲得を阻止した。ヨーロッパでの四つの王朝戦争と並行して，新大陸では英仏が直接対決した。ウィリアム王戦争，アン女王戦争，ジョージ王戦争それにフレンチ・アンド・インディアン戦争と呼ばれる植民地争奪戦である。

フランスは早くからカナダに植民地を建設し，さらに五大湖付近からミシシ

ッピー川を南下して勢力を新大陸の中部全域に拡大させつつあった。これは東部海岸における英植民地の西進を妨げるため，両国の関係は急速に悪化した。両植民地はウィリアム王戦争（ファルツ戦争）で干戈を交え，続くアン女王（スペイン継承）戦争でイギリスは，ニューファンドランドやハドソン湾をフランスから，スペインからはジブラルタルやミノルカ島を確保することに成功し，フランス植民地は東海岸から遮断されることになった。またこの戦争でイギリスはカリブ海の制海権を手に入れ，新大陸からヨーロッパへの主要輸出品となっていたタバコと砂糖の貿易権を独占する。ジョージ王戦争（オーストリア継承戦争）は占領地の交換に終わるが，続くフレンチ・アンド・インディアン戦争（七年戦争）はそれまでにない大規模な戦いとなった。当初イギリスはアメリカでの戦いに苦戦を強いられるが，大ピットが欧州戦線ではプロシャへの財政支援のみに留め，主力を北米とインドに注いだため，最後にはカナダおよびミシシッピー以東の広大な領地や西インド諸島をフランスから奪取，インドでもフランス・ベンガル土候の連合軍をプラッシーの戦いで破り，植民地の独占的支配を達成する。こうしてイギリスは16世紀にスペイン，17世紀にオランダを倒し，さらに18世紀にはフランスの野望を挫き，パクスブリタニカ（英第一帝国）の時代を迎えるのである。

4　パクスブリタニカの時代

4-1　大英帝国の誕生
●覇権獲得の秘密

イギリスがヨーロッパの覇権争いに勝利した最大の理由は，島国で侵略される恐れが小さかったことにある。他国と国境を接する大陸諸国の場合，陸上兵力の整備を怠ることができず，しかも海外への展開を図るには海軍の整備も必要になる。これに対しイギリスは周囲を海で囲まれた島国であり，かつ自らもヨーロッパへの介入を控えたことから，強力な陸軍を持つ必要が無く，その余力を海軍力の強化に注ぐことができた。本国から遠く離れた植民地での戦いは補給力の如何に左右されるため，強力な海軍力によってシーレーンの確保に成功したイギリスが優位に立てたのである。またイギリスは勢力均衡政策によっ

て大陸諸国家の共倒れを誘った。自らの脅威となる国の出現を防ぎ，フリーハンドを得ることによって，大陸内部の絶え間ない戦争を尻目に海外植民地の支配を固めていったのだ。

　長期の戦争遂行にはそれを支える十分な経済力が不可欠だが，他国に先駆けて民主革命を経験しブルジョワジー層が台頭したイギリスでは，国家が特定の商人層のみを保護する初期重商主義が早い段階で否定され，商工業全般を国が広く保護（後期重商主義）したため毛織物，綿織物等の生産が飛躍的に増大した。農村工業を基盤とする工業化が国全体で進み，都市の勃興，国内市場の拡大が可能となった。工業生産力と国内市場の充実が，一部特権商人の利益優先に傾斜した大陸諸国との競争に勝利しえた理由でもある。さらに，早くも17世紀末に中央銀行（イングランド銀行）を設立し，多額の戦費調達が可能であったこと[1]，上からの宗教改革が成功し，国内対立の早期収拾や教皇権力の介入を防ぎ得た点も見逃せない。

● アメリカの喪失と産業革命

　七年戦争の勝利は英第一帝国の成立をもたらしたが，18世紀後半〜19世紀初頭，イギリスの覇権は一時動揺する。当時イギリスが新大陸に持つ13の植民地では，バージニアに初の植民地議会が開かれるなど自治的な政治体制を発展させていたが，重商主義政策を推し進める英本国は植民地商工業の発展を抑え，七年戦争後は財政難から増税策を打ち出したため植民地側が反発，アメリカ独立戦争が勃発したのである。この戦争はフランス等大陸諸国に対英反撃の機会を提供することにもなった。1783年のパリ条約でアメリカは独立を勝ち取り，イギリスは新大陸を失った（英第一帝国の崩壊）。さらに打倒ジョンブルを唱えるナポレオンが英本土上陸を企て，あるいは経済封鎖によってイギリスの海洋支配に挑んだ。しかし宰相ピットが5度にわたり対仏大同盟を結成して対仏包囲網を形成し，最後はウェリントン将軍率いる連合軍がナポレオンをワーテルローに破り，第2次百年戦争はイギリスの勝利で終結する。戦争指導の妙もさることながら，綿織物業の伸展，機械化を発端とした18世紀後半来の産業革命の成功が，この国を引き続いての覇権国家となさしめた最大の原因であった。

　従来イギリスの主な工業は毛織物業であったが，17世紀末にインドから輸入された綿布の需要が新大陸等で高まり，綿工業が英国内に発達する。需要の増

大に対応すべく生産技術の革新が求められる中，ジョン・ケイが"飛び杼"を発明（1773年）。それまで2人を要した織機が1人で操作できるようになり，綿布の生産性は飛躍的に向上した。それに伴う綿糸不足に対応すべく，ハーグリーブスによるジェニー紡績機（1764年），アークライトの水力紡績機（1769年），この二つの紡績機械の長所を取ったクロンプトンのミュール紡績機（79年）等紡績部門の発明が相次いだ。さらにカートライトが力織機を発明し（1785年），蒸気機関が紡績機の動力に使用されるようになった。蒸気機関の導入は水力と異なり工場立地の制約を大幅に解消し，各地に工業都市が生まれた。またダービー父子がコークス製鉄法を発明する（1735年）等綿工業から始まった産業革命は，機械の製造，そして機械の原料となる鉄を作る鉄工業等他の部門の発展に繋がった。さらに蒸気機関の普及は石炭需要を増大させ，石炭運搬の必要性が交通機関の発達を促した。1760年代には運河建設がブームとなり，19世紀に入ると鉄道がこれに代わった。1814年，スティーブンソによって蒸気機関車が実用化され，1825年，最初の蒸気機関車が炭坑町のストクトンと港町のダーリントンの間で開業。1830年には綿工業の中心地マンチェスターと外港のリバプール間に鉄道が建設され，スティーブンソンの作った機関車ロケット号が最高時速31マイルで走った。イギリスの鉄道は1850年代には総延長1万マイルに達し，ロンドンとイングランド各地やウェールズ，スコットランドを結ぶ全国鉄道網が完成し国内市場の統合が実現した（交通革命）。ここに産業革命は完結を迎え，19世紀，「世界の工場」の地位を獲得したイギリスは，その圧倒的な生産力の優位で再び覇権国家として君臨する。

　産業革命が最初にイギリスで始まった理由としては，(1)18世紀中頃にフランスを破り世界の海上権を掌握，ヨーロッパ第一の商業国として資本の蓄積が他国よりも進んでいたこと，(2)農村を中心とする毛織物工業が国民規模で広がり，マニュファクチュア（工場制手工業）が形成されていたこと，(3)18世紀半ば以降，農業生産力向上に伴い，農業集約化と大農経営を目指す第2次囲い込み運動が展開され，その過程で自営農民（ヨーマン）が没落し，都市部への賃金労働者の供給が可能になったこと，(4)植民地帝国ゆえに商品の消化力が大きかったこと，(5)国内に石炭や鉄などの工業資源に恵まれていたこと等を挙げることができる。

● **イギリスの繁栄：ビクトリア時代と英第二帝国**

1837年，18歳の王女ビクトリアがウェストミンスター寺院で即位し，その長い治世（1837〜1901年）が始まったが，ビクトリア時代はイギリスの黄金時代であった。他国に先駆けて産業革命は概ね1820年代に完成し，英製品は世界の各地域に及び，その原料もまた地球上のあらゆる地域から賄われた。そして1850〜70年代，イギリス経済は絶頂期を迎え，工業生産，世界貿易，金融，海外投資，植民地領有等全ての点で他国を圧した。1851年にロンドンで開かれた世界初の万国博覧会は，産業革命とそれに続く交通革命によって「世界の工場」としての地位を築き上げたイギリスの繁栄を象徴するイベントであった。

カニング（1820年代）とその継承者パーマストン（30〜60年代）は，勢力均衡政策によるフリーハンドの保持と史上最強の海軍力，それに世界全体の外洋船総トン数の半分に及ぶ海運力を背景にエンパイアルートを確立，インドを中心に六つの大陸に跨る植民地帝国を築いた。圧倒的に優勢な経済力と強力な海軍力を背景に，"イギリスの平和（パクスクスブリタニカⅡ）"が現出したのである。

1点注目すべきは，既にイギリスの貿易収支は大幅な赤字を続けていた事実だ。しかし，この赤字を補填して余りある海運，保険料収入，海外資産からの配当，利子収入があり，さらにインドから本国費という名目で徴収する搾取が帝国の繁栄を支えていた。アメリカ喪失後，英第二帝国を支えたのはインドであった。

● **自由主義の潮流：自由貿易主義と政治改革**

経済的繁栄を謳歌するイギリスでは19世紀前半，自由主義的な潮流が強まった。1813年，福音主義者の運動で奴隷貿易が廃止され，1833年には帝国全体で奴隷制度が廃止された。貿易面でも，東インド会社の中国貿易独占権が廃止（1834年）され，40〜50年代には主に自由党の下で産業資本家に有利な自由貿易政策が推し進められ，穀物法が廃止（1846年），次いで植民地貿易を規制していた航海条例も廃止（49年）された。さらにイギリスはフランスとの間にコブデン・シュバリエ条約（英仏通商条約）を締結し，保護貿易政策を取るフランスを自由貿易に改めさせた。この条約が起点となり，以後大陸諸国と次々に条約を締結，ヨーロッパ自由貿易が広まり，1860年代は自由貿易の最盛期となった。また植民地の支配は財政負担を増加させるとして，帝国領土の拡大に反対する

「小英国主義」の考えが支配的となり，カナダを皮切りに豪，ニュージーランド等白人移住植民地に自治権が付与された（自治領化政策）。

但し，インドのような非白人系植民地では逆に直接支配が強化された。イギリスへの綿織物輸出国であったインドは，産業革命後は逆にイギリス産綿織物製品の購買を余儀なくされ，イギリスの原料給地かつ巨大市場と位置づけられた結果，経済状態は悪化しイギリスへの反発が強まった。そうした背景の下，シパーヒーの反乱が起きるや，これを軍事力で鎮圧しムガール帝国を滅亡させたイギリスは，東インド会社を解散してインドの直接的な統治に乗り出し，1877年にはビクトリア女王がインド皇帝に即位してインド帝国を成立させる。アジア・アフリカでの植民地拡大も続いた。アヘン戦争やアロー戦争が示すように，自由貿易とはいいながら，それは決して平和的性格のものではなかった。パーマストンの砲艦外交に代表される軍事力を背景とした強要色の強い通商であり，ジョン・ギャラファーらはこれを「自由貿易帝国主義」と呼んだ。

一方，自由主義的な潮流は国内政治の面でも進んだ。1828年には審査法が廃止され，翌年カトリック教徒解放法が成立し，国教徒以外でも公職に就けるようになった。また産業革命後の社会情勢に適合していない選挙制度の改正を求める声が強まり，選挙法の改正が実現（1832年：第1回選挙法改正）。有権者が激減した腐敗選挙区が廃止され，人口の増えた新興の商工業都市に議席が配分された。選挙資格も拡大され，産業資本家など産業革命で豊かになった中流階級が政治的な発言力を高めた。労働者は一層の民主化を求めチャーチスト運動を展開し，保守党ディズレーリ内閣による第2次選挙法改正（1867年）で100万人程の新有権者が誕生，都市労働者の多くにも選挙権が認められ有権者は全国民の9％に広がった。さらに1884年，グラッドストーン内閣は第3次選挙法改正を実施し，農民，鉱山労働者にも選挙権を付与した。この結果，有権者の数は全国民の19％に達し，700万のイギリス成人男子のうち500万が選挙権を持つに至った。一連の選挙法改正の過程で，トーリー党は地主階級を基盤とする保守党に，ホイッグ党は新興産業資本家を基盤とする自由党へと脱皮し，ビクトリア女王の下，二大政党が交互に政権を担当する政党内閣制度が確立していった

4－2　帝国主義下のイギリス
●覇権の翳り
　1870年代に入ると，ビクトリア時代の繁栄にも翳りが出始めた。この時期，経済不況がイギリスを襲い，また穀物法廃止と交通革命の影響で海外から安価な農作物が流入し農業は大打撃を蒙った。さらに米独両国が化学，電気，重工業分野で躍進し，イギリスを上回る勢いで第2次産業革命をなし遂げた。後発組の優位さも与ったが，イギリスの社会・教育政策にも問題があった。労働者の賃金は低く抑えられ，その待遇は劣悪なままであった。また米独が義務教育の普及や科学技術教育の充実に力を注いだのとは対照的に，イギリスでは教育の対象依然としてエリート中心で，しかも古典・教養重視で実学軽視の反産業的な教育姿勢は改められなかった。

　追い込まれたイギリスは，工業製品での劣勢を海外への資本投資や保険料収入等の貿易外収支で補うようになる（工業⇨金融・商業への転換）。そのため，世界貿易に占めるシェアは30％（1870年）から14％（1914年）に低下した反面，1850年当時2億ポンドだった海外投資は97年には17億ポンドと飛躍的に増加し，ロンドン市場における資本調達の3割は海外投資に充てられた（1900年）。活発な海外投資と資本の外国流出は，国内産業への投資を減退させ，技術革新の遅れや生産性の低下を一層助長した。しかも外国に流れた英資本が競争相手国の産業新興を促進し，格差の一層の拡大を招くことにもなった。この危機的状況を打開すべしとの声も高まったが，利害の相異なる金融資本家と産業資本家の分離が顕著であった上，実力を強めた金融資本家が国家の経済活動への介入や保護主義政策に強い抵抗を示したことが路線転換を困難とさせた。こうしてイギリスは「世界の工場」の座は失うが，その後も金融・資本大国として引き続き世界経済を支配し続けることになる。

●大英国主義への回帰とディズレーリ外交
　世界に散在する植民地維持のコストが高まる中，原料と市場を求めて列強諸国がアジア・アフリカへの進出を加速化させるや，イギリスでも植民地の拡大・併合を唱える大英国主義，帝国主義が頭をもたげ出した。1872年，かつて小英国主義を唱えていた保守党のディズレーリは，大英国主義への路線転換を宣言する。74年に第2次ディズレーリ内閣を組閣した彼は，バルカンやエジプ

ト，インドに対して攻勢的な外交を展開，翌年にはスエズ運河を買収し，インドへの最短ルート（エンパイアルート）を扼するとともに，フランスとエジプト財政の共同管理に乗り出す。以後，イギリスのアフリカ政策は積極化していく。またインド帝国を設立，ビクトリア女王を皇帝に据え（1877年），インド支配を強化した。大英帝国の統合とエンパイアルートの確保を目指すディズレーリにとって，南下政策を企てるロシアは重大な脅威であった。

　19世紀前半，オスマントルコの衰退に乗じてロシアは幾度かバルカンへの南下を企てたが（ギリシャ独立運動，東方問題，クリミア戦争），その都度ロシアの前に立ちはだかりその膨張を阻止したのはイギリスであった。1877年，露土戦争が勃発するや，ディズレーリはビスマルクと連携してベルリン会議を開きロシアの南下を阻止した。またロシアが中央アジアに目を向けるや，インドを防衛するためアフガニスタンを保護国化したが，財政の悪化を招き，彼の帝国主義政策には議会の反発が強まった。

●光栄ある孤立政策の放棄

　一方，ヨーロッパでは普仏戦争の勝利でプロシャが台頭するが，宰相ビスマルクは徹底したフランス孤立化政策を推し進めるとともに，植民地獲得には自制的で，またイギリスとの関係維持にも腐心した。ところが彼を排した皇帝ウィルヘルム2世は，アフリカ進出に積極的で，また新航路政策という対外拡張路線を打ち出し，その中核となる大艦隊建設の野望がイギリスに強い警戒感を与えた。挑戦的な外交姿勢を強めるドイツとイギリスの関係は悪化に向かったが，当時イギリスは植民地争奪戦でフランスとも対立，特にアフリカで激しく競り合っていた。イギリスは1880年代から90年代にかけてエジプトから南アフリカを縦断し，さらにインドを繋ぐ3C政策を掲げたが，フランスはアフリカ横断政策を進め，両勢力はスーダンで衝突した（1898年：ファショダ事件）。この事件はフランスが譲歩し撤兵に応じることで解決されたが，高まりつつあるドイツの脅威の前に，この事件を境として英仏関係は改善へ向かう。

　その間，中東，南アジアでの進出をイギリスに阻まれたロシアは東アジアで勢力拡張に動き出す。しかしボーア戦争に苦しみ，もはやイギリスは自らの力だけではロシアの膨張を抑えきれなくなっていた。ソールズベリー内閣は伝統ある"光栄ある孤立"政策を放棄し，日本との同盟締結に踏み切った（1902年）。

日英同盟の締結と前年のビクトリア女王の死去は，パクスブリタニカ時代の終わりの始まりを象徴する出来事であった。1904年に日露戦争が勃発すると，日露をそれぞれの同盟国とする英仏はともに戦争への巻き込まれを避けるために接近する（英仏協商：1904年）。日露戦争が日本優位のうちに終わり，ロシアの脅威は低下するが，３Ｂ政策を追求するドイツの脅威は高まる一方だった。バクダッド鉄道の完成はイギリスの３Ｃ政策だけでなく，南下を狙うロシアへの妨げともなり，ここに英露接近の構図が生まれ（1907年英露協商成立），露仏同盟と英仏協商に英露協商を加え，英露仏の三国協商体制が成立する。ヨーロッパは三国同盟（独・墺・伊）と三国協商（英・仏・露）の二大陣営ニ分裂，以後，３Ｂ政策と３Ｃ政策をめぐる英独対立と，バルカンの覇権を目指す独喚（汎スラブ主義）対露（汎ゲルマン主義）の抗争が軸となって展開し，"武装した平和"の緊張状態を経て，第１次世界大戦の勃発へと繋がっていった。この間，国内では労働運動が活発化し，労働組合の結成が進んだほか，漸進的改良主義を唱えるフェビアン協会等を母体に労働党が結成された（1906年）。

4－3　二つの世界大戦
● 第１次世界大戦

1914年６月，オーストリアの皇位継承者夫妻がボスニアの州都サラエボで汎スラブ主義者のセルビア人青年によって暗殺された。翌月オーストリアはセルビアに宣戦を布告，ドイツがオーストリア，ロシアがセルビアを支援してそれぞれ参戦し，ヨーロッパで第１次世界大戦が勃発する。同年８月にドイツ軍が中立国ベルギーに侵攻したため，国際法違反を理由にイギリスも戦線に加わった。ドイツ軍はまず西部戦線で機動力を発揮してフランス軍を破り，直ちに東に転じてロシア軍に当たり，６週間で勝利するという計画を立てていた（シュリーフェンプラン）。だが，ドイツ軍はタンネルンベルヒの戦いでロシア軍に勝利したが，北フランスではマルヌの戦いに敗れて進撃を阻止され，以後西部戦線は膠着する。

戦争は長期化し、かつてない物量・消耗戦となったが，アスキス自由党内閣の戦争指導は徹底を欠き，労働党を加えた連立内閣が誕生，軍需相に就任したロイド・ジョージが総力戦体制の構築に努め，1916年には初めて徴兵制が導入

された。その後，アスキスに代わりロイド・ジョージを首班とする挙国一致の第2次連立内閣が成立し，食糧配給制など国家統制が強められた。また総力戦を勝ち抜くため，熾烈な秘密外交も展開された。イギリスは，戦争協力を条件に戦後のアラブ人独立を約束（1915年：フセイン・マクマホン協定）する一方，英仏露の間でトルコ分割を密約（1916年：サイクスピコ協定），その上ユダヤ系金融資本の協力を得るため，パレスチナにおけるユダヤ人国家の建設も約束する（1916年：バルフォア宣言）。この三枚舌外交が，現在に至る中東紛争の原因となった。

1917年に入るとドイツが無制限潜水艦作戦を宣言し，イギリスと通商する船舶へ無差別攻撃を加えるようになった。これを機にアメリカが参戦を決意。またロシアで革命が起こり，翌年革命政府はドイツとブレストリトフスク条約を結んで戦線を離脱した。東部戦線から解放されたドイツ軍は西部戦線で攻勢に出たが，米軍を加えた連合軍の反撃にあって失敗し，11月には休戦協定が調印され大戦は終結した。

● **戦間期**

1919年，パリで講和会議が開かれ，ロイド・ジョージは，アメリカのウィルソン大統領，フランスのクレマンソー首相とともに会議を主導した。会議の結果結ばれたベルサイユ条約によってイギリスはドイツ植民地を委任統治領としたほか，ドイツの商船隊と巨額の賠償金を獲得する。しかしドイツに支払い能力がないため，イギリスはアメリカの参加を求め，米資本のドイツへの流入によって経済復興と賠償能力の向上を図り，ドイツから受け取る賠償金で英仏は対米戦債を償還する資金環流方式を立ち上げた（ドーズ案）。これによりヨーロッパの経済は安定し，国際関係にも落ち着きが見え始めた。1925年にはボールドウィン内閣の外相チェンバレンの尽力で，英仏独伊等7か国の間でロカルノ条約が結ばれた。これは，ライン川東岸50kmの非武装地域の相互不可侵や独仏ベルギー国境の維持・不可侵等を定めるとともに，万一フランスがドイツに攻撃された場合のイギリスの対仏援助義務が規定されたもので，ドイツの国際連盟加盟を実施の条件としていた。翌年ドイツが連盟に加わり条約が発効するや，ドイツの国際的地位は回復し，ヨーロッパの国際関係もさらに安定した。イギリスはこの条約を対ソ同盟とも位置づけていた。ドイツを西欧陣営に取り込む

ことでソ連への接近を阻む狙いが込められていたのだ。イギリスはロシア革命後，カフカス方面に軍隊を派遣し対ソ干渉戦争に加わったが，のちに撤兵し，マクドナルド労働党内閣はソ連を承認する（1924年）。しかし共産主義政権への不信感は強く，台頭するナチスドイツを反共の防波堤となし，あるいは独ソ両国を競り合わせて対英脅威を減殺する勢力均衡策を採るようになる。

　ところで，戦勝国にはなったが，戦費調達のため多額の債務を背負い，イギリスの経済状態は悪化した。失業者の増大と経済不況に襲われ，1922年の総選挙では労働党が保守党に次ぐ第2党の座を占め，24年には労働党のマクドナルド党首が自由党との連立内閣を組織した。この内閣は短命に終わるが，29年の選挙で労働党は初めて第1党になり，マクドナルドが再び政権に就いた。かくて保守・自由の二大政党制時代は終わり，保守・労働両党対立の時代へ移行する。第4回選挙法改正（1918年）で男子の普通選挙と婦人参政権が認められたことも，労働党躍進の一因であった。一方，本国の弱体化と裏腹に，既に自治領の地位を獲得していた豪，加，南ア連邦等の属領は戦中戦後を通して独立性を高めつつあった。そのため1926年の帝国議会において，本国と自治領は相互に平等な地位にあり，国王に対する共通の忠誠で結ばれるが内政・外交に関しては互いに従属関係にないことが合意され（バルフォア報告書），1931年のウェストミンスター憲章で正式に法制化された。この結果，イギリスは「帝国」の名称を廃止し，自治領はほぼ完全な独立国となり，その連合体である英連邦（British Commonwealth of Nations）が発足した。

　だが白人自治領と異なり，インドの自治実現は未だ遠かった。大戦勃発に伴いインドの戦争協力を欲したイギリスは「民族自決の原則は熱帯地域の国々にも適応されうる」（ロイド・ジョージ）と述べて英本国への忠誠心に訴えた。インド国民会議派は本国を信頼し戦争協力を決定，100万を越えるインド兵がヨーロッパやアフリカ戦線に送られ10万人が犠牲となった。1917年にはインド相モンターギュがインドの自治を約束，大戦後の1919年に制定されたインド統治法では州政府に一定の権限が移譲されたが，総督や知事がなお絶大な権限を保持し，同じ年に制定されたローラット法は令状無しの逮捕，裁判無しの投獄を規定する等インドの政治活動を抑圧するものであった。公約違反にインド側は反発，国民会議議長のガンディーは反英行動を民衆に訴え，非暴力不服従運動

を展開した。その後，完全独立を主張するネルー等急進派が台頭したため，マクドナルド内閣は新たなインド統治法を定め（1935年），州政府の権限拡大とインド連邦制の構想が提起されたが，外交や国防の重要権限はなお総督の手にあり，インド側の満足は得られなかった。

　第2次マクドナルド内閣が誕生した1929年，ニューヨーク株式市場の株価暴落から世界恐慌が発生，マクドナルドは失業保険削減を含む緊縮財政を提案したが，労働党が反対して彼を除名した。そこでマクドナルドは保守・自由両党との挙国一致内閣を組織し，財政削減，金本位制の停止，保護関税の設定を行い，さらに連邦諸国とオタワ会議を開き，連邦内の関税を引き下げ，連邦外の国に高関税を課す排他的な経済体制（スターリングブロック）を形成し，自由貿易主義を放棄した。

● 宥和政策の失敗

　1930年代，ヨーロッパではナチスドイツが急速に躍進する。ヒトラーがベルサイユ条約の破棄と再軍備を宣言したため，マクドナルド内閣は仏伊とともにロカルノ条約の義務遂行ドイツに求めたが（1935年：ストレザ戦線），続くボールドウィン内閣はヒトラーの提案する軍備交渉に応じ英独海軍協定を締結，ドイツの再軍備を追認した。ボールドウィンに代わり挙国内閣の首相となったチェンバレンも，ドイツに寛大な姿勢を見せた。チェンバレンは対ソ牽制策から独伊の侵略を容認した。スペイン内戦では不干渉政策を取り，イタリアのエチオピア併合，ドイツのオーストリア併合を事実上黙認した。さらにヒトラーがチェコスロバキアにズデーデン地方の割譲を求めると，仏独伊とミュンヘン会談を開き，チェコスロバキアの代表を参加させることなく，ドイツの要求を認める宥和政策を示した（1938年）。しかしヒトラーはこれに満足せず，これ以上の領土要求はしないとの約束を反故にし，翌年チェコスロバキア解体を強行してボヘミア，モラビアを保護領に，スロバキアを保護国とした。その上ポーランドに対し，国際連盟管轄下にあった自由都市ダンチヒの返還及び飛び地となっている東プロイセンへの陸上交通路を要求した。

　宥和政策の限界を悟ったチェンバレンは，ポーランドの独立保障と安全保障援助を与える旨宣言し（のちに相互援助条約に発展），ギリシャ，ルーマニアにも独立が脅かされた際の保障を約した。また対独包囲網に組み込むためソ連との

交渉に入ったが，英仏の強い反共意識に不信感を抱いていたスターリンは逆にドイツとの提携に踏み切り，独ソ不可侵条約を締結する。これに力を得て1939年9月，ドイツ軍はポーランド侵攻を開始，相互援助条約に基づきイギリスはフランスとともにドイツに宣戦し，第2世界大戦が始まった。

● 第2次世界大戦とチャーチルの戦争指導

ポーランドを制圧したドイツは一転西部方面に兵力を集中し，デンマークを占領，次いでノルウェーに兵を進めた。イギリスもノルウェーに出兵したが敗北，チェンバレン非難の世論が高まった。挙国連立内閣の樹立を目指すが労働党に拒否され，チェンバレンは辞任し，チャーチルが首相に就任する（1940年5月）。この時ドイツ軍はベルギー，オランダに侵入、さらにフランスにも兵を進めた。チャーチルはダンケルクからの英軍撤退を強いられ，またドイツによる英本土空襲で苦境に陥ったが，レーダーの開発と戦闘機部隊の活躍でドイツの英本土上陸作戦を阻止した（バトルオブブリテン）。

しかし，大西洋ではドイツ潜水艦の攻撃で英商船隊が甚大な被害を被り，なおも苦しい状況が続いた。アメリカを民主主義の兵器廠と呼んだローズベルト大統領はイギリスに駆逐艦50隻を貸与，さらに武器貸与法を成立させ対英援助を強化させた。その後ヒトラーが攻撃目標をソ連に転じ，独ソ戦が開始されると（41年6月），チャーチルはソ連と軍事協定を結んで戦線の回復に努め，8月にはローズベルト大統領と戦後の世界政策を示す大西洋憲章を発表した。12月に太平洋戦争が勃発，戦線はアジアに広がり，英米の軍事協力も拡大された。その後，ヨーロッパ戦線ではスターリングラードの戦いを転機に連合国が優位に立ち，北アフリカではモントゴメリー率いる英軍が独伊の戦車部隊を撃破（エルアラメインの戦い），次いでモロッコ，アルジェリアに英米連合軍が上陸し，東西から挟撃されたアフリカの独伊軍は降伏した（43年5月）。

9月にイタリアが降伏した後，チャーチルはローズベルト，蔣介石と対日処理方針を（43年11月：カイロ会談），翌月のローズベルト，スターリンとのテヘラン会談では連合軍の北フランス上陸作戦を協議した。44年6月，連合軍はノルマンディに上陸，8月にはパリが解放され，9月には英軍によってブラッセル，アントワープが奪還された。45年に入ると2月にチャーチルはローズベルト，スターリンとクリミア半島のヤルタで会談し，国連の創設やドイツ処理の

大綱，ポーランドの自由選挙問題等を協議．ドイツ降伏後の7月にはベルリン郊外ポツダムでローズベルト，スターリンと協議し（途中でアトリーに交代），日本の降伏を求めるポツダム宣言を発表した．

5　戦後のイギリス

　思えばこの国は，独立戦争でアメリカを手放したことを除けば，百年戦争で大陸の拠点を失って以降，常に戦争の勝利者であり続けた．16世紀はスペイン，17世紀にはオランダの海洋支配を打破し，次いでブルボン王朝やナポレオンによるフランスの挑戦を退けた．19世紀にはロシアの南下膨脹政策をバルカン，中東〜中央アジア，そして東アジアで阻止し，さらには2度にわたりドイツの覇権を打ち砕き，その間，パクスブリタニカの輝かしき時代を築き上げたのである．
　しかし19世紀半ばに絶頂を迎えるや，その勢いにも衰えが見え始め，2度の世界戦争を勝ち抜いた頃には，覇権国家の座は既にアメリカへと移っていた．常に勝者であったため，政治，経済システムの大胆な変革が行われず，大国意識の蔓延，階級社会がもたらす歪みや国民意識の分裂は，再生に向けたナショナルコンセンサスの形成を阻害した．皮肉にも戦争に戦い続けてきたがゆえに，戦後のイギリスは厳しい道程を辿ることになった．

●産業国有化と福祉国家

　大戦中チャーチルの申し入れを受け挙国一致内閣に加わっていた労働党は，ドイツの敗北が確定するや閣僚を引き上げ，1935年以来実施されていない総選挙の準備に入った．労働党は，戦後再建の最優先課題として福祉国家建設を選挙キャンペーンで真正面から訴えた．これが功を奏し，45年7月の総選挙でアトリー率いる労働党は640議席中393議席を獲得，戦時首相チャーチルの保守党に大差をつけて勝利し，結党以来初の単独政権が誕生した．チャーチルはイギリスを勝利に導いた偉大な指導者ではあったが，既に戦争は終わった．国民は労働党の示す社会改革案に，戦後の再建を託したのである．
　アトリー内閣は重要産業の国有化と社会保障の充実を基本政策に掲げた．国有化政策では，イングランド銀行国有化法の成立（46年2月）を皮切りに，鉄

道，炭鉱，鉄鋼，電力，ガス，電信・電話等重要産業の国有化を相次いで実施に移した。社会福祉政策については，「ゆりかごから墓場まで」の「ベバリッジ報告」（42年発表）に基づき，従来の社会保険制度の拡充を図る国民保険法を46年に制定し，福祉国家の建設に着手した。48年には旧来の救貧法に代わる国民扶助法が成立，これは国民保険の恩恵を受けない人々にも援助の手を差し伸べるもので，社会保障制度はさらに拡充された。また国民医療制度法（46年）によって，全ての人が無料で医療を受けられるシステムも作り上げられた。

しかし47年にはヨーロッパを激しい寒波が襲った。イギリスでも燃料危機が発生し，産業の復興に足止めを食わせた。大戦中，イギリスでは全ての日用品が配給制であったが，政府は統制を継続し，食料は48年，衣服も49年春まで割り当て制が敷かれ，国民は耐乏生活を強いられた。戦費調達によって政府は33億ポンドの対外債務を抱えるなど財政事情も厳しく，49年にはポンドの切り下げを実施，これは金本位制離脱以来の衝撃を国際金融界に与えた。1950年2月の総選挙で労働党は辛勝したが，アトリーは同年6月に勃発した朝鮮戦争に参戦，派兵に踏み切った。労働党内部では厳しい国際情勢に対応すべく軍事費の増加を支持する右派とこれに反対するベビンら左派の対立が生まれたが，右派が大勢を占め，蔵相ゲイッケルは51年度予算案に巨額の軍事費を計上し，社会保障費は削減を迫られた。これに国際収支の悪化が追い打ちをかけ，労働党の支持は低下した。

その間，アトリー内閣はインドの独立を承認したが（46年3月），統一インドの建国を主張するガンディら国民会議派（ヒンズー教徒）と，これに反対のジンナーを中心とするイスラム教徒連盟が対立した。新任総督マウントバッテンの分割独立案を基にインド独立法が制定され，47年8月，イスラム教徒のパキスタンとヒンズー教徒のインド連邦が分裂して独立した。その後インド連邦はネルー首相の下で憲法を制定してカースト制度を廃止，立憲共和国として独立を宣言する（50年）。スリランカ（セイロン）は48年に英連邦の自治領として，ビルマは同年英連邦から離脱し，それぞれ独立した。

● 保守党政権と英国の地位低下

1951年10月の総選挙でアトリーの労働党は保守党に破れ，再びチャーチルが内閣を組織した。以後，イーデン，マクミラン，ヒュームと4人の首班による

長期保守党政権の時代が13年間にわたって続くが，この間，労働党政権の基幹産業国有化と社会保障推進の2大政策は基本的に継承された。両党間の政策に大差が無く，「コンセンサスの政治」，あるいは労働党政権の蔵相ゲイッケルと保守党政権の蔵相バトラの名前をもじってバッケリズムと称された。国防力強化の政策も継承され，52年には原爆を保有，55年には西欧連合に参加するが，スターリンの死後，四大国の頂上会談を提唱する等チャーチルは東西の緊張緩和にも努力した。彼の提案は曲折を経て55年7月のジュネーブ巨頭会談として実現するが，同年4月，チャーチルは首相の地位を外相のイーデンに譲り引退した。

　イーデンは首相就任直後に総選挙を実施し，再軍備問題を巡る労働党内部の対立にも助けられ安定多数を確保した。エジプトのナセル大統領が進めるスエズ運河国有化に反発したイーデンは，56年10月，イスラエルのスエズ侵攻に呼応してフランスと謀り英軍をスエズに出兵させたが，帝国主義的な外交姿勢は国際世論の激しい非難を招き，対米関係も悪化した。英仏軍のスエズ撤退後，責任を取ってイーデンは辞任したが，イギリスの国際的な影響力は決定的に低下し，戦費負担とポンドの流出で英経済にも大きな打撃を与えた。スエズ動乱は大英帝国の終焉を内外に知らしめる出来事となったが，焦燥したイギリスに独自核戦力の開発を促す契機ともなった。

　57年1月，蔵相から首相に就いたマクミランは景気刺激策を推進，これが成功し59年の総選挙に勝利する。62年，マクミランはケネディ大統領と会談し，アメリカからポラリスミサイルの提供を受け，イギリスが核弾頭と原潜を建造して独自の核戦力を保有すること，この戦力はイギリスが危殆に瀕する場合を除きNATOに組み込まれることが合意された（ナッソー協定）。この頃，西ヨーロッパではEECの建設が進められていたが，イギリスはこれに加わらず，独自にEFTAを結成して対抗した。しかし，60年代に入りイギリス経済の状況が再び悪化したため，マクミランは方針を転じてEECへの加盟を決意する。だが，フランスのドゴールによって加盟は拒否されてしまう。EEC加盟の失敗や経済の停滞，さらに陸相プロヒューモのスキャンダルでマクミランは辞任に追い込まれるが，さらに後継首相に選ばれたヒュームが貴族出身で国民の不評を買い，64年10月の総選挙では13年ぶりに労働党が政権を奪還した。

● 混迷と停滞

　ウィルソンの労働党政権は，デフレ政策によって国際収支の悪化に対処したが，再度のポンド切り下げを余儀なくされた。ECC 加盟申請は再び拒否され (67年)，国内では労組の発言力が高まり，ストが続発した。外交面では，スエズ以東からの英軍の撤退が発表された (68年)。70年の総選挙で政権を奪還した保守党のヒース内閣は，念願の EC 加盟を実現させた (73年)。しかし，内政では IRA の武装闘争が激化し，北アイルランドの直接統治に踏み切るが，紛争解決には至らなかった。また経済の不振が一層深刻化し，全国規模の長期ストが発生し国民生活を混乱に陥れた。さらに石油危機がイギリスを襲った。ヒース内閣は非常事態を宣言するが，高い賃上げを求める炭鉱労組は政府との対決姿勢を崩さなかった。「政府を選ぶか労組を選ぶか」の問いかけの下に実施された74年の総選挙は僅差で保守党が破れ，政権は再び労働党のウィルソンに戻った。

　ウィルソン内閣は，政府が物価抑制に努力するので労組は過激な賃上げ要求を慎むという社会契約を提唱したが，議会の多数を得られず不安定な政権運営が続いた。ウィルソンの突然の辞任を受け，後を継いだキャラハンは労組と社会契約を結び賃上げ抑制に努めたが，政府の示す5％の賃上げ上限案に労組が反発し78年末から公共サービス部門の労働者150万人が長期全面ストに突入した。79年3月，1票差で内閣不信任案が可決され，5月の総選挙では女性党首サッチャーが率いる保守党が勝利した。

● サッチャー政権と新自由主義

　マーガレット・サッチャー（旧姓ロバーツ）は，1925年ニュートンの故郷でもあるイングランド中部の田舎町グランサムで生まれた。メソジスト派信者だった両親の下で，節約，自助，勤勉といったビクトリア時代の価値観を身につけて育った。雑貨店主だった父親は保守党町議として政治に関わり，市長も経験している。オックスフォード大学卒業後，保守党の有力な支持者で富裕な実業家デニス・サッチャーの後妻になる。メソジスト派から国教会に宗旨変更し，また弁護士資格を獲得したサッチャーは59年の総選挙で下院議員に当選。70年の選挙で誕生した，ヒース内閣の教育科学相として初入閣を果たし，学校のミルク無料制度を廃止する。74年の選挙で保守党が敗北するや，路線改革を掲げ

て翌年の党首選挙に出馬，ヒースを破り史上初の女性党首となった。

　戦後のイギリス政治は，労働党主導による高福祉・産業国有化政策が軸となり，保守党もこの路線を基本的に踏襲した。その結果，産業の国有化や「大きな政府」は，公共支出増大に伴う増税化や公務員の増加，それに労組の肥大・強大化を招いた。強い反共主義者であると同時に，家訓の「質素倹約・勤勉・自助努力」の哲学から強い影響を受けたサッチャーは，フリードマンやハイエクの信奉者で，公的社会サービスをできる限り削減するとともに，国有化政策を廃して民営化を進め，労組の活動を抑え，民間企業の活力を高めることでイギリス産業の再生を実現しようとした。新保守主義や新自由主義に共鳴し，規制緩和と民営化により小さな政府の実現を目指す彼女の政策はサッチャリズムと呼ばれた。1979年5月の総選挙でサッチャーは，英国病の原因が社会福祉政策による悪平等の蔓延にあるとし，競争原理の導入による活性化を訴えてイギリス初の女性首相に就任，以後3期11年半とイギリス憲政史上最長の政権を担うことになる。

　社会主義的な福祉国家から自由主義経済国家への復帰を目指すサッチャーは，市場経済の復権と小さい政府を訴え，インフレの克服を再優先課題とした。しかしインフレ率は20％を越え，失業者の増加傾向も止まらず，失業者は1年間で100万人も増え300万人に達した。70～80年代にかけてインド，パキスタン等からの移民がロンドンはじめ都市部に増加し，失業問題は人種問題とも絡み各地で暴動が多発した。そのためサッチャー人気は低落したが，そうした折にフォークランド紛争が発生する。82年4月，アルゼンチン軍が英領のフォークランド諸島に突如侵攻し同島を占領，その領有を宣言した。これに対しサッチャーは外交交渉によらず，武力での奪還を直ちに決意し，艦船100隻，航空機90機，人員9000人の大機動部隊を長駆南大西洋に送り込み，実力で同島の奪回を果たした。6月にアルゼンチン軍は降伏し，サッチャーの支持率は急上昇し，翌83年6月の総選挙では，保守党が労働党に188議席の大差をつけて圧勝した。

　一方，労働党内部ではウィルソン，キャラハン政権への失望から左派が台頭し，83年の総選挙では，ECからの脱退，大規模な国有化と民営化された企業の再国有化，政府による経済の計画化強化等社会主義的色の強い公約が掲げられた。左傾化を嫌う一部議員が脱党して社会民主党を樹立するなど労働党の分

裂と混迷が続くなか，選挙での勝利に自信を得たサッチャーは，英国病の元凶とされた労組との対決姿勢を強めた。なかでも生産性の低い炭坑20か所の閉鎖に踏み切ったことに全国炭坑労組（NUM）が激しく反発，NUMは政府との徹底交戦を叫び炭労ストは1年にわたったが，長期ストに備えて政府が石炭の大量備蓄等の措置を講じため，結局は職場復帰し，サッチャーが勝利を収めた。

炭鉱労組に勝ったことでサッチャリズムは全盛期を迎える。かつて国有化された鉄鋼，石油，電信・電話，ガス，自動車，電力，航空機産業などが次々と民営化され，主要企業だけでも40社に上った。英国航空はそれまでの赤字会社から一転優良企業に脱皮。民営化に伴う株式売却で政府は膨大な収入を得て，87年度の財政は16年ぶりの黒字となる。サッチャー政権は日本など外国企業の誘致にも熱心に取り組み，また中流階層の充実・拡大を目指す政策も推進された。ブリティッシュテレコムやブリティッシュ石油，ガス，水道・電気などの公益事業を含む国有企業の株式売却が推し進められた結果，個人株主の数は1980年代に300万人から1200万人に増加した。市価を下回る割引価格で公営住宅を賃借人に売却し，個人の持ち家比率も政権発足時の55％が90年末には68％に上昇した[2]。雇用機会の増大や景況の改善により，生活水準を向上させた 労働者階級は保守党へと支持政党を鞍替えするようになった。

経済の好転とインフレ抑制を背景に，サッチャーは87年6月に総選挙を行い，労働党に大差をつけて勝利し首相3選を果たした。第3次サッチャー内閣の門出は順当に思えたが，89年以降，急激な金融規制緩和による過剰投資がインフレの高騰を引き起こした。自由競争に伴い貧富の差が拡大し，税制改革（高額所得税の減税と付加価値税の増税）がこの趨勢を助長した。さらに，従来の固定資産に基づく地方税に代えて18歳以上の全ての住民に均等課税するコミュニティチャージの導入をサッチャーは目指したが，人頭税（ポールタックス）の再現だと世論がこれに猛反発した。一方，外交でも困難な状況が生まれた。国家主権に拘るサッチャーは，「独立した主権国家間の積極的で活発な協力こそ欧州共同体の建設を成功に導く最善の道」（89年のブルージュ演説）と述べるなど欧州統合に消極的で，通貨統合に強く反対しEC加盟諸国との溝が深まった。サッチャーが欧州通貨制度（EMS）の中心である欧州為替相場メカニズム（ERM）への参加を説くハウ外相を更迭すると，ハウは辞表を提出，激しい首

相批判の演説を議会で行い、自説に固執するサッチャーから有力閣僚が次々と離れていった。90年11月の党首選挙では初回の投票で過半数を得たが、大半の閣僚が第2回目投票への出馬見送りを彼女に迫り、遂に辞任を表明。労働者階級出身で若手のメージャーが党首となり、保守党政権を継承した。メージャー政権は緩やかにサッチャー路線の軌道修正を進め、92年の総選挙では政権を維持したが、マーストリヒト条約の批准問題やポンド下落等で苦境に陥り、97年の総選挙で労働党に政権の座を明け渡した。

● ブレア政権

92年の選挙に敗北した労働党ではキノックに代わりスミスが党首に選出されるが、94年に急死し、弱冠41歳のブレアが新党首に選ばれた。ブレアは、生産手段の国有化を規定した1918年以来の党の社会主義綱領を撤廃する（95年）とともに、労働組合の影響力を大幅に減らした「ニューレーバー（新労働党）」をアピールした。また自由主義経済と福祉の両立を目指す中道左派的な「第三の道」を提唱した。これらの改革が評価され、97年の総選挙で地滑り的な大勝を収める。

首相に就任したブレアは露骨な経済効率主義を批判しつつも、その経済・社会政策はサッチャー路線を基本的に踏襲するものであった。一方、ブレア政権は地方分権を進め、99年にはスコットランドとウェールズで大幅な自治権を持つ地方議会が生まれた。また「クールブリタニア」の標語の下に、文化やソフト・資本の充実を図った。さらに北アイルランド問題では、和平の実現に漕ぎ着け、99年には27年ぶりに自治政府が発足した。外交では、香港を中国に返還（97年）、「日の沈まぬ帝国」の植民地も、今やジブラルタルやフォークランド、ケイマン、バージン、バミューダ等を僅かに残すだけとなった。同時多発テロが勃発すると、ブレア政権はブッシュ政権支持の姿勢を鮮明化させ、アメリカのアフガン、イラク戦争を肯定し、イギリスも参戦に踏み切った。そのため他の欧州諸国から孤立し、国内世論の反発も招いた。またユーロへの参入等EUとの連携もほとんど進まなかった。

● 保守党政権とEU離脱

2007年、ブレア政権で長く財務相を務めたスコットランド出身のゴードン・ブラウンが労働党党首となり、まもなくブレアの後を受けて首相に就任した。

しかし閣僚らのスキャンダルや不正経理疑惑等が続発，また景気が後退したにも拘わらず効果的な策を打てず，2010年5月の総選挙で大敗し退陣に追い込まれ，13年に及ぶ労働党政権の時代が去った。

代わって保守党のデイビッド・キャメロン党首が自由党との連立政権を立ち上げ，首相に就任した。43歳の若さで首相になったキャメロンは，イートンからオックスフォードという典型的な保守エリートである。キャメロン政権は財政赤字削減のため緊縮財政を実施し，大学授業料の値上げや軍事費削減に伴う国防力の低下，さらに大量の公務員が失業に追い込まれ強い批判を受けたが，2015年の総選挙で勝利し首相に再任された。だが選挙戦での公約に従い，翌年EU離脱の是非を問う国民投票を実施したところ，予想に反し離脱支持派が勝利する結果となり首相を辞職，後任の保守党党首テリーザ・メイが首相に就いた。

メイはサッチャーに続き英国史上二人目の女性首相だが，EUとの離脱交渉に行き詰まり辞任に追い込まれ，2019年7月，ジャーナリスト出身で欧州懐疑派のボリス・ジョンソンが首相に就任した。彼もキャメロンと同様，イートンからオックスフォードを経たエリートで，ロンドン市長も務めた。EUからの離脱を実現し，アメリカや太平洋地域との関係強化を目指している。

● 注釈
1) 川北稔『イギリス　繁栄のあとさき』（ダイヤモンド社，1995）21頁。
2) 毛利健三編著『現代イギリス社会政策史』（ミネルヴァ書房，1999年）25頁。

● 参考文献
青山吉信他編『イギリス史1～3』（山川出版社，1990～91年）
今井宏『ヒストリカル・ガイド　イギリス』（山川出版社，1993年）
今井宏他編『新版概説イギリス史』（有斐閣，1991年）
川北稔編『イギリス史』（山川出版社，1998年）
川北稔他編『イギリスの歴史』（有斐閣，2000年）
Christopher Daniell, *A Traveller's History of England*（The Windrush Press, 1992）
クリストファー・ヒバート『イギリス物語』植松靖夫訳（東洋書林，1998年）
黒岩徹『イギリス現代政治の軌跡』（丸善，1998年）
指昭博『図説イギリスの歴史』（河出書房新社，2002年）
ジャン・モリス『ヘブンズ・コマンド（上・下）』椋田直子訳（講談社，2008年）

ジャン・モリス『帝国の落日（上・下）』椋田直子訳（講談社，2010年）
G. M. トレヴェリアン『イギリス史 1 ～ 3』大野真弓監訳（みすず書房，1973～75年）
Graham D.Goodlad, *British Foreign and imperial Policy*（Routledge, London, 2000 ）
富沢霊岸『イギリス中世史』（ミネルヴァ書房，1988年）
P. J. ケイン他『ジェントルマン資本主義と大英帝国』竹内幸雄他訳（岩波書店，1994年）
舟場正富『ブレアのイギリス』（PHP 研究所，1998年）
マーガレット・サッチャー『サッチャー回顧録（上・下）』石塚雅彦訳（日本経済新聞出版社，1995年）
マーガレット・サッチャー『サッチャー　私の半生（上・下）』石塚雅彦訳（日本経済新聞出版社，1995年）

第3章　社会の構造と国民気質

1　階級制とジェントルマンの国

●階級社会

　イギリスは階級制の社会である。近年，社会の流動性が高まり，階級制度や階級意識はかなり緩和されたといわれるが，今日でも階級制度がこの国の社会に深く，そして太い根を広げている事実を否定することはできない。玉葱のように，剥いても剥いてもその下から現れてくるのがイギリスの階級制というものである。表面的な階級差別は影を潜めても，人々の心や生活習慣に深く染みついた階級意識はそう簡単には変わらない[1]。19世紀の政治家ベンジャミン・ディズレーリは，若い日に書いた小説『シビル　二つの国民』(1845年)の中で，この国における階級制の存在を次のように記している。

　「何ら交渉も親愛の情もなく，相互に習慣や思想や感情を知らない。二つの国民。あたかも彼らは違った地帯の居住者であり，違った星の住人であるかのようだ。また，彼らは別個の養育法で育てられ，違った食物を与えられ，異なった風習に従わされており，同じ法律に服していない」(小松春雄訳)。

　ディズレーリの指摘する「二つの国民」とは，上流階級——俗語で「トフ」(toff) や「ブリード」(breed) と呼ばれる——と下層階級——「ヨブ」(yob) と呼ばれる——を指す。ユダヤ人の彼は，一つの国でありながら二つの階級で国内が完全に二分されている実態を批判したのだが，この上流と下層の区分はジェントルマンと非ジェントルマンに言い換えることもできる。イギリスは"ジェントルマン（紳士）の国"とも呼ばれるが，同じイギリス人でもジェントルマンか否かによって，職業や収入，居住地，人生設計等生活環境はいうに及ばず，言葉使いや体格まで一切が異なるのである。

もっとも，現在では「上流」，「中流」，「下層」の3層に分けられるのが一般的だ。この3分類は19世紀の批評家マシュー・アーノルドが発表したものだが，大土地所有を基礎とする「上流階級」，資本の所有，およびその管理機構の担い手や専門職としての「中流階級」，そして労働の主体としての「労働階級」の3層で，土地，資本，労働という経済学の三大カテゴリーに対応している（土地＝地主＝上流，資本＝ブルジョワジー（経営者）＝中流，労働＝労働者＝下層）。また中流を細分化し，「上流（upper class）」，「中流の上（upper middle class）」，「中流の中（middle middle class）」，「中流の下（lower middle class）」，「下層（lower class）」の5段階に区分されることも多い。以下，「ジェントルマン」をキーワードにこの国の階級制を眺めてみたい。

● 上流階級：貴族

上流階級とは，王室や世襲貴族といった先祖代々の大地主で，労働に従事せず，領地から入る地代収入で生活する者を指す。貴族とは，国王や王族から叙任された者とその子孫を指し，その起源はノルマンコンクェストに遡る。貴族の序列は，公爵・侯爵・伯爵・子爵・男爵の順。貴族は世襲だが，社会貢献等から本人にのみ与えられた特権としての一代貴族も存在する。世襲貴族の数は中世末期からチューダー朝期は約50人程度と，フランスなど大陸諸国と比べてかなり少なかったが，その後，財政危機を救うため王室が爵位を売りに出し，新興ブルジョワジーが買い求めたため17世紀以降急増する。18世紀には貴族で構成される上院の議席は50％増加し，貴族の数は19世紀初頭に270，20世紀に入ると500を超え，現在は王室を含め800程度といわれる。[2]

● ジェントリー

貴族の多くは広大な領地を有する地主だが，爵位を持たない地主もいた。その多くはノルマン朝の下で支配される側に立つアングロサクソンの地方領主であった。ノルマンの支配が定着する中，13世紀頃にはノルマン貴族の最下層とこのアングロサクソンの地主層が融合し，郷紳（ジェントリー：gentry）と呼ばれる中小地主の階層が生まれた。ジェントリーは，準男爵（バロネット），勲爵士（ナイト），郷士（スクワイヤ），紳士（ジェントルマン：のちのジェントルマンとは別）と呼ばれる4階層の総称で，貴族と独立自営農民（ヨーマン）の間に位置する準貴族的存在であった。この郷紳と呼ばれた集団が，のちのジェントル

イギリスの階級構造

上流	王室	
	貴族	ジェントルマン(狭義)＝不労地主層
	ジェントリー	ジェントルマン(最狭義)
中流の上	商・産業資本家	ジェントルマン(広義)
	知的専門職	
中流の中	事業経営者，企業管理職・役員，農場主等	
中流の下	非肉体労働熟練職(一般企業のサラリーマン，事務員，下級公務員，零細自営業者等)	非ジェントルマン
下層	肉体労働者(土木作業員，農民，運転手，清掃員，ウエイター等)	

マン層の中核を形成する。

　中小地主である郷紳層は，治安判事制度や議会での活躍を通して地方行政の担い手となる。また学芸を尊ばず騎士的な尚武の理念を掲げる貴族に対し，イタリアから伝わった人文主義運動の影響を受け，古典文藝の習得に精励する。支配者としての知性を身につけ，血統のハンデを教養で補おうとしたのである[3]。彼らの教育の場となるのが，本来は聖職者養成のために設けられたパブリックスクールやオックスブリッジであったことから，知と倫理，聖と俗の融合一体化した価値観や倫理が形成されていった。そして16世紀以降，この郷紳層が経済活動や市民革命の主体として新たな支配層となる。それがジェントルマンであり，彼らの精神や意識，生活スタイルがジェントルマンシップと呼ばれた。

　もともと郷紳と貴族の境が曖昧だったこともあり，彼らと貴族が対立することはなく，ジェントルマンは貴族との同化を目指し，貴族もジェントルマンシップを受け入れた。両者が融合し，地主たる支配層としての一体性を保ち続けたことが，イギリスの社会に安定性をもたらした。彼らは自ら生産労働に従事せず，労働者の支配，管理に専念するが，「ノブレスオブリージェ」や「フェアプレイの精神」，「アマチュアリズム」などを重視し，公正なリーダーシッ

プと弱者保護に努める生活スタイルを心情とした（名望家支配）。彼らジェントルマン（地主層）は子弟をパブリックスクールに学ばせ、また18世紀頃からは国際教養やマナー習得を目的に、文化先進国のフランス、イタリアへの遊学・研修旅行に赴かせた（グランドツアー）。16〜18世紀、ジェントルマン（貴族＋郷紳層）の数は全人口の5％程を占めた。現在は1〜2％に過ぎないが、上流階級に属すこの1％程の者が第1次世界大戦前には全私有地の7割を、第2次大戦後も依然5割を所有している。この国では大土地所有制度が生きているのだ。

● アッパーミドルの形成

その後、産業革命に成功したイギリスには、地代収入に拠る地主層とは異なり、工場・鉱山・銀行の所有者や貿易で富を得る大商人等の産業資本家（ブルジョワジー）が形成される。当初、彼ら商工業者の倫理は有閑地主階級である貴族や郷紳とは異なり、勤勉・倹約・禁欲といったピューリタン的性格の強いものだった。ビクトリア時代にサミュエル・スマイルズが『セルフヘルプ』(1859年) で説いた生活信条である。しかし、この新しい階層も郷紳と同様、上流階級への接近を図り、その生活スタイルを模倣するようになる。彼らの多くは都市の郊外にカントリーハウスを構え、日々の実業や経済活動から引退し、地主的な生活を装う。上流階級に属す者は汗しての労働を厭い、金銭に無関心、恬淡としていることが美徳とされたからである。産業革命が完成した19世紀中頃には株式会社の制度が進み、実業家は株主となることで実務の現場から離れることが可能になった。逆に貴族・ジェントリーの中からも農業や地代収入だけでなく、株式や証券の保有者、あるいは金融資本家として暮らす者が増えてくる（ジェントルマン資本主義）。またブルジョワジーは子弟をパブリックスクールに入学させ、上流階級の教養や倫理、マナーを習得させた。こうして産業資本家層と上流階級（貴族、ジェントリー）の境界が曖昧一体化する中で、アッパーミドルもジェントルマンの仲間入りを果たしていったのである[4]。

さらに、知的専門職に就く人々もジェントルマンと見なされた。イギリスの貴族は長子相続制を取っており、貴族の称号や領地は全て長男が相続するシステムだった。分割相続を避けることで、貴族としての家系は存続させることができたが、資産を受け継ぐことができない次男以下の子弟は、やむなく聖職者や軍人、それに植民地統治の文官官僚、軍人等に進む者が多かった。七つの海

を支配する植民地帝国となったイギリスでは，海外統治の指導者が必要であった。その供給源として，上流階級の子弟が現地の高級官僚や軍人として赴任したのだ。なかでもインド高等文官（ICS）は紳士の職業として人気を集めた。20代の若さで300ポンド以上の高額が保証され，有給休暇も十分に与えられた。その上植民地では多くの人間をアゴで使えるとなれば，家を継げない貴族の次男坊以下にとっては魅力ある職業だった。異郷での厳しい生活環境も，パブリックスクールで受けた精神教育がその克服に役立った。

　19世紀に生まれた産業資本家と知的専門職は，上流階級の直ぐ下に位置する「中流の上位（upper middle class）」に位置づけられたが，ジェントルマンであることは上流階級と共通しており，中流とはいいながら上流階級に近いステータスが認められた。こうして19世紀後半のビクトリア朝〜エドワード朝の時代，ジェントルマン層の拡大化過程を通して，伝統的支配層（上流階級）と商工業者や知的専門職等新階層（中流上位階級）の融和一体化が進み，新たな支配層が形成されていった。

　●カントリーハウス
　イギリスの田舎には豪壮な大邸宅が点在する。カントリーハウスやマナーハウス，あるいはステイトリーホームと呼ばれ，それぞれの概念は微妙に異なるが，貴族など上流階級の住まう邸宅であることには変わりない。簡単にいえば，マナーハウス（manor house）は中世における荘園領主の館のことで，ノルマンコンクェストによる封建制度の導入にその起源を持つ。「マナー」（manor）という英語は，古フランス語で「住居」を意味する「マノワール」（manoir）に由来する。国王や貴族から土地を付与された家臣たちによって築かれ，古いものには城塞，砦の色彩が強いが，時代が下るにつれて軍事・防御機能が徐々に薄れ，広い多目的なホールが設けられる等地域の人々が集うための場となっていく。その後，中世末からルネサンス期にかけて，大規模で壮麗な邸宅が建築される。居住者のための館としての性格が強まり，ホールが後退し，寝室や書斎，ギャラリーなどのプライベート空間がウエートを増していった。[5] これがカントリーハウス（country house）あるいはカントリーマンションで，ヘンリー8世の宗教改革でカソリックの修道院が解体され，その所有地が家臣に分配されたことでカントリーハウスの建築が盛んになった。

ブレナムパレス

　17世紀には「ザ・シーズン」と呼ぶ慣習が上流階級に広まった。1年の半分近くをロンドンのウェストエンドに建てた別宅（タウンハウス：townhouse）に住み、宮廷に出入りするなど社交の季節を過ごす。そして残りの期間を領地の本宅で暮らす生活スタイルだ。ここから、タウンハウスに対して田舎の本宅はカントリーハウスと呼ばれるようになった。マナーハウスよりもカントリーハウスの方が時代が新しいともいえるが、今日ではともに田園地帯に壮麗な姿を誇る大邸宅、屋敷を指す言葉として同じ意味で用いられる。マナーハウスやカントリーハウスの中で、観光目的で一般に公開されている邸宅を、ステイトリーホーム（stately home）と呼ぶこともある。

　多くの観光客が訪れる代表的な邸宅としては、ウォーリック城（ウォーリックシャー）、リーズ城（ケント）、ブレナムパレス（オックスフォードシャー）、チャッツワースハウス（ダービーシャー）、アン・ブーリンの生まれたヒーヴァー城（ケント）等が挙げられる。ロンドン近郊では、リチャード・ダドリー（ノーサンバーランド公爵）が保有していたサイオンハウスや、エリザベス1世の重臣セシル家の館で、若き日にエリザベス1世自身も住んでいたハットフィールドハウス等が有名だ。映画「レベッカ」や「哀愁」、「ミニヴァー夫人」に出てくる豪華な屋敷はいずれもカントリーハウスだ。イシグロ・カズオの同名の

小説を映画化した「日の名残り」では，ダーリントンホールという架空のカントリーハウスが舞台となっており，映画の撮影ではコッツウォルドのカッスルクーム近くにあるディラムパークというカントリーハウス等が使用された。ホテルに改装されたカントリーハウスも多く，少し値は張るが，実際に滞在宿泊して上流階級の生活をしばし味わうこともできる。

カントリーハウスには立派な庭園がつきものだが，西洋式庭園は大きくフランス式と英国式がある。ベルサイユ宮殿の鏡の間から見渡せる庭園のように，幾何学的な図形に基づいて木々を配置したり模様を描いているものがフランス式庭園。これに対し，「自然は直線を嫌う」（ウィリアム・ケント）という言葉が示すように，大陸風の人工的な造作を廃し，自然そのままの風景を装ったものが英国式庭園（風景的庭園）である。18世紀前半にブームを迎え，大陸諸国にも広まった（ベルサイユ宮殿離宮の小トリアノンなど）。カントリーハウスの庭園には，当然英国式庭園を採用したものが多い。一見人間が手を加えていないように見え，自然を借景にしているかに思えるが，人工の庭である。

なお，カントリーハウスやマナーハウスでは，邸宅・庭園を取り囲んで広大な敷地が広がっている。延々と続く広大な敷地（私園）や王侯貴族の狩猟地はパーク（park）と呼ばれた。後世，この私有地が一般市民にも開放されて誰でも自由に散策できるようになる。これが明治時代の日本で公園と訳されたのだが，上流階級の私有地たる前身を持たない共有地はパークではなくコモン（common）と呼ばれた。ロンドンのクラッパムにあるクラッパムコモンという名の広場（夏目漱石の下宿がこの近くにあった）等はその例だ。アメリカのボストン中心部にある広場ボストンコモンは有名だが，アメリカに貴族制度がなかったことの反映である。現代では，地代のような不労所得にかかる税金は高額な上，屋敷にかかる固定資産税や相続税も加わるから，先祖代々の資産を維持することは上流階級でも至難の技になっている。そこで，不動産をナショナルトラストに寄付することで税の減免を図り，また観光客に公開して入場料を維持費に充てたり，屋敷をホテルに改築する等苦心を重ねている。

● **貴族としての責務感：ノブレスオブリージェ**

貴族等上流階級は地代収入で生活するので，労働に従事することはない。暇を持て余し，ギャンブルやスポーツで退屈凌ぎをしていたが，それと同時に，

高い社会的地位を誇ることの裏返しとして，上の階級に立つ者は，庶民や社会のために貢献しなければならないとの義務感も生まれるようになった。これをノブレスオブリージェと呼ぶ。

ノブレスオブリージェの考え方は古くからあり，騎士道に由来するともいわれる。中世以来の治安判事の職にも表れている。治安判事は各地方で犯人の逮捕や尋問，訴追など，警察・司法関連の業務を担当し，やがて行政全般を取り仕切る要職となる。治安判事は19世紀まで存続したが，報酬は無く無給であり，経済的にも時間的にも余裕のある郷紳など地方の地主や名望家が，奉仕ないし義務感を持って務めたのである。英議会の貴族院議員も無給だが，これも同じ発想に立つものである。元来，政治とは，金と暇のある上流階級が社会に奉仕する仕事だったのだ。貧民救済や慈善事業に従事し，さらには芸術家や文芸活動を保護するパトロンとして貴族がその資材を投じたのもノブレスオブリージェからきている。軍務に就くのも同様だ。貴族の源流は騎士階級であり戦士だ。侍の登場で貴族が公家（文官）に変質していった日本とは異なり，イギリスでは上流階級はイコール武人であり，一朝有事の際には国王のため，あるいは国家のために戦場に駆けつけねばならないというのが彼らの使命感である。

パブリックスクールやオックスブリッジを卒業した上流・中流の上階級の青年は，戦争が勃発するや，挙って従軍した。第１次世界大戦において，貴族の子弟の２割近くは戦死しているが，これは大戦に参加した全将兵の平均死亡率の８～９％を上回っており，危険な任務を厭わずに勇敢に戦ったことが窺える。王族である皇太子が軍人となり第一線に出ることも珍しくない。上流階級やエリートがノブレスオブリージェの下，軍務を厭わず戦場に駆けつけるのは，太平洋戦争も末期，学徒出陣で強制的に戦場に赴かされた日本の大学エリートとの違いである。

● **中流階級**

中流階級は，その中でまた上・中・下に区分される。先に見たように，「中流の上（upper middle class）」には，聖職者や植民地統治の高級官僚，軍人のほか，法廷弁護士，医者，高級官僚，大学教授などプロフェッションと呼ばれる専門職グループや産業資本家等が含まれる。もっとも実業界で成功した人は収入は多いが，同じ中流の上でも専門職知識人より下に見られる傾向がある。一

方，中流の下 (lower middle) はホワイトカラーの最底辺層で，非肉体労働の熟練職が該当し，一般会社のサラリーマンや事務員，下級公務員，教師，零細自営業者等が含まれる。上と下の中間に位置する「中流の中 (middle middle class)」には，事業経営者や企業の管理職，役員，農場主等が含まれる。

一口に中流といっても，上流階級と一体的なアッパーミドルと，下層の労働者階級から，教育の効果などで上昇し中流の地位を手に入れたロウアーミドルとでは大きな隔絶が存在する。産業構造の複雑化に伴い19世紀後半から増加した各企業の事務職（クラーク）は，ロウアーミドルの代表だ。もともとはワーキングクラスの家庭出身だが，両親よりも高度な教育を受け，屋外での肉体労働ではなく，低賃金ながらも屋内で事務作業（デスクワーク）に従事することから中流に位置づけられたのだ。アッパーミドルクラスが上流階級と一体視されるのに対し，ロウアーミドルは労働者階級と一括りで扱われることが多い。そして，各階級の中で最も上昇志向の強いのが，この中流の下といわれる。生活費を切り詰めても子供を私立の学校に通わせたり，莫大なローンを組んで何とか戸建の住宅を購入しようと奮闘するのだ。カントリーハウスを持てるわけはなく，都心に戸建を買うだけの金もない彼らの多くは，郊外にセミデタッチドハウスを求めるのが一般的だ。イギリスでは，田舎や地方 (country) は，田園生活やカントリーハウスに代表される高級イメージがあり，ロンドンのような都市部 (town) も社交界や娯楽，刺激のある町として好印象で受け止められるが，郊外 (suburbs) はどっちつかずの中途半端な場として良いイメージでは語られない。この低い評価ゆえに，そのような地域に無理をしても家を買うロウアーミドルもまた低い評価を下されることになる。[6] 地方や田舎を嫌う一方，田舎よりも都心に近い郊外は都心に次いで評価する日本人の感覚とはかなり異なる。

イギリスでは，自らの階級を自覚し，その階級の中で，階級に相応しい生活をするのが社会常識化している。イギリス人にとって階級とは，「生まれつき」，もしくは宿命のようなものと受け止められる。アメリカにはアメリカンドリームという言葉があるが，ブリティッシュ（イングリッシュ）ドリームという言葉はない。イギリスの場合は，それぞれの階級の中で如何に暮らしを充実させているかが関心事で，階級を超えての上昇志向は弱く，階級間の風通しもよくな

い。階級別の「棲み分け」が進んでいるため，お互い他の階級のことにはあまり口を出さず，他所の世界か他国の話という風である。その反面，努力して上の階級に這い上がろうとする上昇志向の持ち主や成金意識の強い人物を蔑視する風潮が強い。そのため，下層なのに中流と思われようともがくロウアーミドルには，アッパーミドルと下層階級の双方からバッシングや揶揄，嘲笑が浴びせられるのである。

●下層（lower）

　下層階級を構成するのは，肉体労働によって生計を立てる労働者で，農民や土木作業員，港湾労働者，バスの運転手，大工，郵便配達，漁師，清掃員，ウエイター等がその代表といえる。各種調査によれば50〜60％のイギリス人が自分を「労働者階級」（working class）と考えているが，実際には，労働者階級（肉体労働）の就労人口は30％程度。このギャップが生じるのは，イギリスの階級が職業だけでなく，家系や収入等が複雑に絡みあう中で決まるからだ。ところで，上流階級には，労働に汗を流したり，金もうけに拘泥することを軽蔑する風潮が強いが，労働者階級にも，努力してコツコツ貯金するとか，少しでも収入の良い職を目指そうとする意欲が他国に比べて弱い。階級制度が固定し，いくら努力し，汗を流して働いてもたかが知れているという厭世感が蔓延しているためだ。

　フランスでは，台頭したブルジョワ階級が国王や貴族と対立し，革命で王室や貴族階級そのものが消滅した。これに対しイギリスでは，征服民族であるノルマンの王室・貴族の権限に対して在地勢力が議会を通して制限を加えるシステムが早くから定着し，王権の制限が進んだ。市民革命に際しても，名誉革命で立憲君主制が選ばれ王政は存続した。さらに産業革命後は，台頭した資本家や商工業者は上流階級と対立せず，逆にその生活様式や倫理・意識を模倣・共有することで仲間入りを果たそうとした。かようにイギリスでは，既存の支配階級と新興階級が併存する形で時を重ね，その過程でジェントルマンが誕生する。ジェントルマンたる共通項の存在によって上位階級間の世代交代や対立が緩和され，安定的な資本主義社会が形成され，この国に未曾有の繁栄をもたらした。その反面，階級制度という社会秩序の固定化が，衰退と停滞を加速させる要因ともなったのである。海外の植民地で階層的な支配体制を築き上げ，そ

れが跳ね返って国内の階級制温存に影響を及ぼした面もある。どこよりも早く特権階級の権限を制約する民主的システムを導入しえたことや，継続性の重視，それに穏健漸進的な進歩主義をモットーとしたことが，近代民主主義発祥の国でありながら，未だに階級制を引き摺る歴史の皮肉をもたらしたのである。

● 階級毎にすべてが異なる社会

その人がどの階級に属すかは，保有する富や所得の多寡（経済力）だけで決まるものではない。まず職業が第1の指標となる。日々労働に従事するか否か，従事する場合，肉体労働なら下層階級，知的労働の色彩が強いか専門職は中流と見なされる。第2の指標は教育で，グラマースクール等公立学校の卒業かパブリックスクール出身かで上流と中流以下を区分する。保守党の首相経験者マーガレット・サッチャーやエドワード・ヒースはともに出身大学はオックスブリッジだが，高校は公立のグラマースクールだった。彼らの両親の職業からも，この二人は終生ロウアーミドルの出身と位置づけられる。

階級には世襲の要素も強い。長らく労働者階級の家系だった子弟が弁護士等の知的専門職，さらには首相にまで登り詰めても，その人は労働者階級と見なされ，自分を労働者階級と呼ぶ。出自を伏せて上流階級の振りをしたり，その仲間入りを果たそうと奮闘する人間は，身の程知らずと蔑まされる国柄だ。逆に不運に見舞われて先祖代々の土地や資産を失っても，上流階級の家系に生まれた人なら，貧しくとも上流階級でいられる。資産や学歴，現在の職業だけでは階級の移動は困難ということだ。階級を一つ上に上がるには3世代かかるともいわれてきた。「どうせリンゴは果樹園の側に落ちる the apple always falls in the orchard」はイギリス人の口癖である。

第3の指標は日常生活におけるスタイルで，身のこなしや立ち居振る舞い，話し方，居住地，趣味，読む新聞，さらには住まいのインテリアの好みから利用する店まで，生活環境の全てが関わってくる。話し方では，訛りのない英語を話せるかどうかで見分けられる。上流階級や教養ある者の話し方に，容認発音（Received Pronunciation: RP）」がある。RPはイングランド南東部の上中流階級の人々の話し方が基本になっており，俗にいうキングズイングリッシュやクィーンズイングリッシュの代表格だ。この発音がBBCアナウンサーの基準となり'BBC English'として広まった。パブリックスクールやオックスブ

リッジでもこの RP で教育が行われ，最も権威あるイギリス英語と理解されている。上流階級には，殊更に感情を押し殺したり，母音を不自然に伸ばす上流階級訛りが存在し，これもクィーンズイングリッシュに含まれることがある。標準英語を話す人は，類似のクィーンズイングリッシュ等を含めてもイギリス全人口の 4 ～ 5 ％程度に過ぎない。

　話し方は，どの階級に属す人物かを認識できる指標として，この国では非常に重視される。そのため，英語の言葉遣いやアクセント，イントネーションの矯正，指導が立派な職業として成り立っている。中流の下出身のサッチャー元首相は，生まれ故郷のリンカンシャーの訛りを矯正し，上流階級の話し方を身につけようと専門家について努力したが，首相時代，議会での討論中に野党議員の質問に怒り，「ユー・アー・フライトウンド（あなたは恐れている）」というべきところを，うっかり「ユー・アー・フリット」と下層の言葉が出てしまい，野党から野次り倒された逸話がある。

　RP とは反対に，低階層の話し方の代表格がコクニー（Cockney）だ。コクニーは標準英語と同じく16世紀頃，ロンドンで生まれた話し方で，18世紀以降イーストエンドの労働者言葉として普及した。ミュージカルの「マイフェアレディー」の主人公で花売り娘のイライザや，チャールズ・ディケンズの小説『オリバー・ツイスト』に出てくるジャック・ドーキンズが喋る言葉がそれである。話し方の特徴に，エイをアイ，イをエイと発音し，語頭の「h」を落とす。today がトダイ，sea がセイ，hardly はアードリーとなる。動詞は単数形を用い，I goes to church といったりもする。コクニーから派生した「ポピュラーロンドン」という労働者階級特有の言葉使いもある。喋り方ばかりでなく，表現方法や使われる単語も微妙に階級間で異なっている。例を挙げれば，pardon という言葉は下層階級の言葉とされ上流階級は使わず，Excuse me か sorry, what ? である。上流階級は「トイレ」を lavatory とか loo と呼び toilet とはいわない。挨拶は How do you do? で nice to meet you はロウワークラス，「死ぬ」は die がアッパークラス，pass away がロウワークラスの言葉使い等々だ。

　余暇や趣味の過ごし方も異なる。スポーツでいうと，クリケットやラグビーを好むのは上中流，サッカー（フットボール）は労働者階級といった類である。

パブリックスクールではクリケットやラグビーの授業が多く，特にクリケットが好まれている。しかしもっとも貴族的な趣味といえば，ポロや乗馬，狩猟であろう。ゴルフやテニスは日本では今も上流階級の嗜むスポーツという印象が強いが，イギリスでは中流階級のスポーツと認識されているようだ。

　この国では，階級の異なる人たちが同じ地区に住むという混住はありえない。同じ階級に属する人たちがそれぞれ固まって生活し，階級毎に住み分かれているのだ。だから，何処に住んでいるかですぐに階級がわかってしまう。家の大きさより，家の在処がステイタスシンボルなのである。初対面の人同士の会話では，相手の住所を聞かれることが多い。さりげなく相手の品定めをしているわけだ。住宅については，そもそも購入行為の有無で差がつく。上流階級の場合，住宅は先祖代々受け継がれているのが普通だが，中流以下だと自分の代か親の代に購入したというケースが多いからだ。自宅を買ったといえば，日本では甲斐性ある人物と見なされるが，この国では家を買うとか，自宅が新しいということは何の自慢にもならない。中流階級の人たちが家を買う場合も，なるべく新築を避けて古い家を買いたがる。古ければ古いほど，上流階級に近いステイタスを誇れるからだ。

　上流はデタッチドハウス，中流はセミデッタッチドハウス，下層はテラスハウスやフラットと一応の区分はつくが，中流階級が無理をしてもデタッチドハウスを購入することもある。テラスハウスはもともとは見晴らしの良い高台などに建てられたが，その後労働者の住む長屋としてのイメージが出来上がってしまった。もっとも，現在では都心部に住む中産階級でテラスハウスに住む者は多いし，ロンドン市内の高級住宅街のテラスハウスやフラット（日本でいえば高級マンション）も人気が高い。屋内に目を移すと，インテリアでいえば，カーテンやカーペットの敷き方，ソファの材質，暖炉か電気ストーブか等で見分けられる。高級紙を読むのが上流，中流は一般紙，中の下や下層階級はタブロイドやフリーペーパーと読む新聞も違えば，シェリーとワインを嗜むのが上流で，中流以下はビールを飲むという具合だ。メージャーは首相就任にあたり「階級なき社会，開かれた社会」の建設を唱えたが，このようなスローガンを掲げること自体，この国に階級制度が残っている証拠である。「イギリスは，王室を頂点とする，念入りにつくりあげられた階層と階梯のシステムを，まっ

たく無傷で維持している[7]」(デイヴィド・キャナダイン) との見方は必ずしも誇張ではないのだ。

2 学校教育と大学

●私教育先行の国

イギリスでは，貴族や上流階級の親が自らの子弟に家庭教師などをつけて個人的に教育を施す習慣が古くからあり，国家が一般大衆の子弟を対象に均質な教育を施すという発想はなかった。この国で教育といえば，それは私教育を意味したのである。公教育の不在を埋めるため，国教会やプロテスタント，カソリック等宗教団体が慈善活動の一環として無料で国民学校と呼ばれる小学校を運営したが，産業革命で雇用，労働市場が拡大し教育を受けることを希望する者が急増すると，寄付で賄われている国民学校だけでは対応できなくなった。

そこでヨーロッパ諸国の教育制度を学んだマシュー・アーノルドらの提言を容れ，ようやく1870年に初等教育法が成立，1880年までにイングランドとウェールズで初等教育が義務化され，1891年には学費が無料となった。さらに1897年に普通教育法が制定され，義務教育制度が確立する。19世紀初めからドイツやフランスが国家による初等教育の普及・充実に取り組んでいたのに対し，世界で最初に産業革命に成功した国が公教育の導入で後れを取ったことは奇異に感じられるが，この差が第2産業革命で現れることになる。

イギリスは教育に国家や中央権力が介入することに今日も消極的で，公教育の実施運営は各地域の自主性に委ねられ，カリキュラムばかりか学校制度そのものも多様性に富む点は日本と大きく異なる。また私教育の伝統に階級制度の存在も相俟って，公立よりも私立の学校教育が充実しており，一流大学への進学実績やエリートの輩出では私立学校が公立学校を圧している。戦後の教育制度改革の結果，その格差はかなり縮まったが，なお開きは大きい。

●公教育の制度

イギリスの義務教育は5歳から16歳までの11年間である。5歳から10歳までが初等学校（低学年のinfant school と高学年の junior school を併せて primary school と呼ぶところが多い），11歳から15歳が中等学校（secondary school）で，義務教

イギリスの学校制度

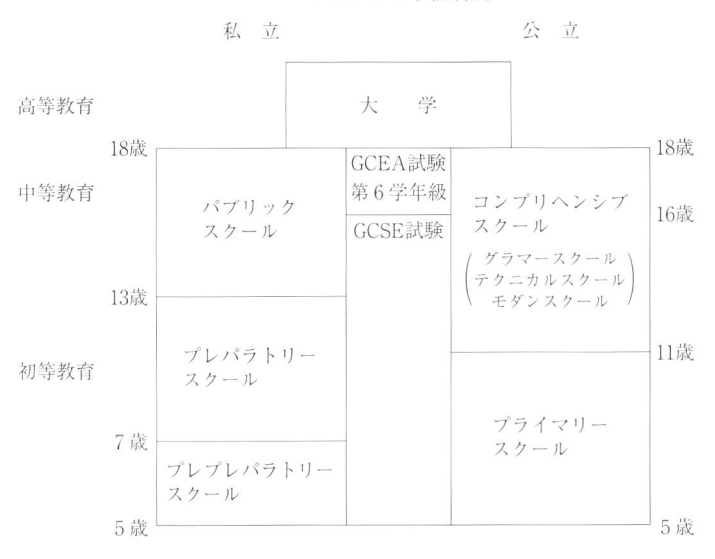

	私　立		公　立	
高等教育		大　学		
	18歳			18歳
中等教育	パブリック スクール	GCEA試験 第6学年級 GCSE試験	コンプリヘンシブ スクール （グラマースクール テクニカルスクール モダンスクール）	16歳
	13歳			
	プレパラトリー スクール			11歳
初等教育	7歳		プライマリー スクール	
	プレプレパラトリー スクール			
	5歳			5歳

伊村元道『英国パブリック・スクール物語』（丸善，1993年）7頁の表を一部加筆修正．

育が終わると GCSE (General Certificate of Secondary Education) という全国共通のテスト（中等教育修了試験）があり，A～Gまでのグレード及びU（採点不能）の評価が下される．GCSEが終わると，大学進学希望者は約2年間，シックスフォーム（6th Form：第6学年級）と呼ばれる受験勉強のコースに入り，進学に必要なAレベル試験（GCEA: General Certificate of Education — Advanced Level，合否及びA～Eの段階評価）か，それに代わる国際バカロレア（IB）試験を受ける．私立のパブリックスクールに進んだ学生もGCSEやAレベル試験を受けるのは公立学校の生徒と同じだ．そして学生が大学入試事務統一機構（UCCA）に最大5校の志望校を記入した志願書を送ると，後日UCCAを経由して受験生宛に大学の合否結果が個別に通知される．原則として大学毎の個別の入学試験はないが，オックスフォードやケンブリッジ大学は各コリッジが独自の試験や面接を実施する．以上があらましだが，戦後の改革経緯も踏まえもう少し詳しく見ておこう．

　現在の教育制度は，1944年教育法（所謂バトラー教育法）でその基礎が形作ら

れた。同法によって公立中学の学費廃止，初等教育（primary education），中等教育（secondary education），継続教育（further education）の3段階教育が確立され，中等教育は，大学進学を目指すグラマースクールと，義務教育を終えれば社会に出て行く者のためのセカンダリーモダンスクール，両者の折衷タイプで技術教育に重きを置き，一部の優秀者が大学進学するテクニカルスクールの三本柱の体制が整えられた。中流階層以上の家庭の生徒は進学校のグラマースクール，労働者階級の家庭の生徒はモダンスクールへ進学することが多かった。またイレヴン・プラス（eleven plus）と呼ぶ全国テストも導入された。中等教育を受けようとする11歳の生徒に課し，成績上位1/3の生徒はグラマースクール，他の2/3はモダンスクールかテクニカルスクールに振り分けられた。

　しかし，小学校を卒業する11歳程度で児童の能力を判断し，将来の進路を決定することに批判が強まり，1960年代に労働党政権が三本柱の体制を見直し，中等学校を新たに総合学校コンプリヘンシブスクール（Comprehensive School）に統合する改革に着手する。一般教育を重視するコンプリヘンシブスクールに中等教育を一本化するとともに，優秀な成績を収めた生徒には大学進学への道を開こうとする狙いであった。それまでの制度では中流下層階級や労働者階級の子弟が高等教育に進む道が閉ざされがちで，階級制度を温存させてしまうという危機感が労働党にあったからである。労働党政権の下でコンプリヘンシブスクールの数は急増し，中等教育修了者の90％近くがコンプリヘンシブスクールの卒業者で占められるようになった。

　しかし，コンプリヘンシブからの大学進学者数はさほど増えなかった。労働者階級の子弟にも大学進学の道を開く目的で作られたコンプリヘンシブスクールだが，グラマースクールと違って入る際の選抜試験がない。入学後も進学か就職かはあくまで本人の希望次第で，現実には卒業生の大半はそのまま就職してしまう。多くのコンプリヘンシブスクールは義務教育課程だけで，私立の中等学校やグラマースクールと同じように義務教育修了後のシックスフォームが併設されておらず，進学希望者は卒業後，別の進学予備校に進まなければならない。そんな煩瑣な手間をかけてまで大学を目指そうとする機運が起こらず，コンプリヘンシブの生徒は16歳の義務教育を終えるとほとんどが学校を止めてしまうからだ。若年失業者の多くは，この層から生まれている。さらに問題は，

従前は労働者及び中流下層階級の子弟でも，成績優秀であれば学費のかからぬグラマースクールに入り，大学に進学することが可能だった。サッチャー女史はその典型例である。ところがコンプリヘンシブスクールの増加に伴い公立進学校のグラマースクールが激減したため，公立学校生の大学進学意欲を削いでしまったのである。

　階級社会のイギリスでは，その人の属する階級で教育のレベルが大きく異なる。上流階級の子弟が受ける教育の質は非常に優れており，エリート教育，あるいは創造性が求められる科学技術研究の分野で顕著な成果を上げてきたが，対照的に，中流下層や労働者階級の子弟の学力は非常に低く，義務教育の内容も満足に習得できぬまま実社会に出て行く。それがイギリスの物作りを劣化させ，ひいては国家衰退の原因にもなったのだ。この状況に危機感を抱いたサッチャー政権は，英国史上初めて公立学校で最低限教えるべき教科内容を国家が制定（ナショナルカリキュラム）し，また全国一斉のナショナルテストを実施して習得状況を測定できるようにした。教科の内容は自治体や各学校が定めるもので，国家が介入すべきではないとのこの国の支配的な考え方を根本的に修正するものであった。日本が個性尊重やゆとり教育を標榜してカリキュラムを緩め始めた頃，イギリスでは我が国を目標に，基礎学力の底上げに乗り出したのである。その一方でサッチャーは父兄に公立学校選択の自由を付与したり，自治体の管理を離れ国の財政支援の下で運営される公立学校（補助金維持学校）を設けるなど公教育の自由多様化も進めた（1988年教育法）。競争原理を教育の分野にも持ち込んだサッチャーの路線はブレア，キャメロン政権にも基本的に継承され，公立学校そして国民全体の教育水準向上が目標に掲げているが，緊縮財政の折，中等教育のあり方や改革方法を巡り，今も模索が続いている。

● パブリックスクール

　イギリスでは公立学校が整備される以前から，上流階級を中心にパブリックスクールを軸とした私学教育が行われてきた。この国では私立学校をIndependent School，公立学校をState Schoolと呼ぶ。多額の寄付金と高い授業料が必要なため主に上流階級の子弟が通うパブリックスクール（Public School）はIndependent Schoolに属す。現在の私立学校の教育体系を見ると，5歳から7歳まではプレプレパラトリースクール（プレプレップスクール，日本風にいえ

ば有名私立幼稚園）に入り、7歳から13歳までの子供は公立の小学校に対応するプレパラトリースクール（プレップスクール）に進む。いずれもパブリックスクール進学のための準備校である。ここを経て13歳（通学制、女子校等一部は11歳入学）から18歳までの6年間、パブリックスクールで中等教育を受ける。卒業生のほとんどはパブリックスクール併設のシックスフォームに入り、2年間Aレベル試験の勉強に専念する。一流大学合格にはこの試験で3科目Aレベルを獲得する必要があるからだ。そして、有名パブリックスクールからは毎年、多くの学生がオックスブリッジ等の一流大学に進学する。このようなコースを歩む学生はイギリス全体の1割にも満たないが、この国の支配層はパブリックスクール出身者によって独占されてきた。

　パブリックスクールの正式な定義や法の定めはない。一般にはHMCと呼ばれる校長会議に加入を認められた私立の中等学校で、教師の質や教育内容、設備など学校の水準が一流と見なされる寄宿制の学校を指す。現在その数は新旧取り混ぜて300にも上るが、名門とされるのはその1割程度。なかでも1861年にクラレンドン委員会が特に優れた実績を持つと認定した9校──ザ・ナインと呼ばれる──が名門校として名高い。ウィンチェスター（1382年）、イートン（1440年）、セントポールズ（1509年）、シュルーズベリー（1552年）、ウェストミンスター（1560年）、マーチャントテーラーズ（1561年）、ラグビー（1567年）、ハーロウ（1571年）、チャーターハウス（1611年）の9校である。ところで、私立なのになぜパブリックというのだろうか？　それは、この学校の成り立ちと関わっている。

● エリート育成と階級維持の装置

　パブリックスクールの起源は、中世にラテン語やギリシャ語の文法（グラマー）を教えた文法学校（グラマースクール）に遡る。ローマ教皇グレゴリウス1世によってキリスト教布教のために派遣された聖アウグスティヌスが、カンタベリーで布教活動を始めた597年に教会敷設の学校（スコラ）を設けたのが始まりとされ、これがイギリスにおける学校の起源とされる。キリスト教の広がりや文字の普及に伴い、教会の学校だけでなく、王侯貴族や富裕層の基金をもとに一般人も学校を設けるようになる。こうした基金設立校には近隣に留まらず全国から貴族や上流階級の子弟が集まったが、一定数の貧しい少年を無料か安

い授業料で入学させることが校則で定められ，貧しい家庭の子にも門戸が開かれていた。広く一般社会からも学生を受け入れたので，「パブリック」スクールといわれるようになったのだ。

　1382年に，オッカムのウィリアムが自らの資財を投じて設立したウィンチェスターコリッジが，イギリス最古のパブリックスクールとされる。彼はオックスフォードにニューコリッジを創設しており，ウィンチェスター校もオックスフォードの付属校とすることが設置の目的であった。半世紀後，同校をモデルにウィンザー城近くに設けられたイートン校がそれに次ぐ。イートンは国王ヘンリー6世が勅許状によって創設したもので，王室との関係が深い。こちらはケンブリッジ大学のキングス・カレッジの予備校として作られた由来から，卒業生の大半はケンブリッジに進学した。

　その後，ヘンリー8世の宗教改革の際に破壊・閉鎖された修道院付設のグラマースクールが新興商工業者の手でパブリックスクールとして再興された。伝統校とされるパブリックスクールの多くは，この16世紀に誕生している。この間，私費学生，それも私邸に家庭教師を雇っていた貴族や地主階級の子弟が多数入学するようになり，パブリックスクールは上流家庭の学校となる。さらに1830年代以降，産業革命で富を得たアッパーミドル階級が，自らの子弟をパブリックスクールに入学させる。我が子に貴族・上流階級と同じマナーや教養を身につけさせてその仲間入りを果たそうと考えたからだ。そのため，新設あるいはグラマースクールの格上げで一挙に40～50のパブリックスクールが誕生した。[9]

　またこの時期，イートンの校長トマス・アーノルドは，「パブリックスクールの教育目的はジェントルマンの育成にあり」と，それまでの知識主体・古典偏重の教育を改め，宗教心の涵養やスポーツの奨励，上下級生間の監督・奉仕関係の徹底，体罰の重視など全人格教育実施のための大胆なカリキュラム改革を断行した。この改革が他校にも波及し，現在のパブリックスクール教育の基礎が築かれた。外出が厳しく制限された寮での克己禁欲的な集団生活を通して，生徒にはタフな精神力やノブレスオブリージェが叩き込まれた。「ウォータールーの勝利はイートン校の校庭で作られた」というウェリントン将軍の有名な言葉は，イートンに代表されるパブリックスクールの精神教育への賛辞である。

2度の世界大戦でも，パブリックスクール卒業生の多くは自ら軍務を志願し，将校として勇敢に戦い，散っていった。現在もパブリックスクールでは軍事教練が必須科目とされる。軍務はエリートとしての義務であるとともに栄誉でもあると受け止められている。

このように，次世代のエリートを育成，輩出してきたパブリックスクールは，この国の階級制を維持固定化させるマシーンの機能を果たしたともいえるが，最近かなりの変化が生まれている。かつてパブリックスクールといえば男子の全寮（寄宿）制学校を意味したが，高額な学費の寄宿制度を廃止して全日制に切り替えたり，女子を受け入れる学校が増えている。また教育制度の民主化や大学進学率の向上等に伴い，一流大学への進学実績は昔ほどの独占力がなくなり，エリート占有率も減少傾向にある。そのため，人格陶冶よりも学業中心，進学重視のカリキュラムを組む学校も増えている。[10]もっとも，大学入学者に占める私立学校出身者の割合は24％（イングランドとウェールズ）とかなり低下したが，オックスブリッジに限れば50％程度に上がる。金融エリートの30％以上がイートンの出身者で占められ（1983年），保守党下院議員の60％はパブリックスクールの出身（2005年時点。1951年では75％）である。昔ほどの独占力はないが，オックスブリッジの伝統あるコリッジやエリートの社会では，名門パブリックスクールの有形無形の影響力はなお高いものがある。

● スポーツの誕生

イギリスはラグビー，フットボール（イギリスではサッカーをこう呼ぶ。association footballの略語 "a ssoc" がスラング化したa ssoccerが，さらに短縮化されsoccerになったとされる），テニス，ゴルフ，ボクシング等多くのスポーツ発祥の地でもある。「スポーツ」は本来「暇つぶし，娯楽」を意味するが，その昔，暇を持て余ました貴族はギャンブルに明け暮れたほか，狩猟や乗馬等の運動でエネルギーを発散した。庶民も収穫祭などでは，牛いじめや闘鶏といった見せ物や輪投げ，障害物競走等の娯楽に興じた。これらが近代スポーツの起源に当たる。

その後，産業革命で人々の生活にゆとりが生まれた19世紀以降，それまでの暇つぶしや娯楽は洗練規格化されたゲーム，さらに人格陶冶の教育活動へと変化を遂げていく。即ち，上流階級の間では，同じ競技を好むメンバーが集うク

ラブが結成され，それまで地域毎にまちまちだったルールの制定や統一，会則作り，全国大会開催等のイベント企画等が手がけられていく。その過程で，同好会的色彩の強いクラブは各競技を管理運営する公的な組織たる協会（association）へと発展していった（フットボール協会：1863年，ヨット競技協会：1875年，ローンテニス協会：1888年等々）。クラブや協会の設立に動いたのは，パブリックスクールやオックスブリッジの学生，OBであった。

　この動きと並行して，パブリックスクールでは人格陶冶のための教育手段として，学校の正規カリキュラムに運動競技，特にクリケットやボート，フットボールなどの集団競技を積極的に採り入れていった[11]。それは生徒の体力向上もさることながら，紳士に相応しいフェアプレイの精神や忍耐力，克己心，組織集団に対する自己犠牲の精神などメンタル面の鍛錬が主な狙いであった。パブリックスクールでのフットボールの試合中，偶然にラグビーが生まれたという逸話（1823年，名門パブリックスクールであるラグビー校のフットボールの試合中，エリスという生徒が突然，規則を破ってボールを抱えたまま走り出し，これがラグビー誕生の起源とされる）からも当時の様が偲ばれるが，授業あるいは課外活動でスポーツに興じるパブリックスクールの生徒には，勝負や勝敗に拘らず運動そのものを楽しむ姿勢が重要視され，運動の技術や専門性に拘ったり，スポーツで報酬を得ることは上流階級の者として卑しむべきこととされた（プロフェッショナリズムに対するアマチュアリズム優位）。人格の陶冶・涵養に集団競技を利用するこのアスレティシズムの考えは明治日本にも導入され，（知育に対して）体育と訳されたのである。一方，庶民娯楽も福音主義らの社会改革運動を通して，そのルール化が進んだ。かくて多くの競技は統一ルールの下で全国規模に普及し，さらに植民地，そして世界へと普及拡大していく。しかも昔のようなただの娯楽や暇つぶしではなく，教育活動たる近代スポーツへと昇華されたのである。

● **大　　学**

　中世イギリスにおける学問とは，僧院におけるキリスト教神学を意味した。その後，ギリシャ・ローマの古典や医学，自然科学等非宗教的な分野にも広がり，13世紀には，パリ大学をモデルにオックスフォード，ケンブリッジ両大学が創設された。大学といえばオックスブリッジを意味したが，両大学は「学識あるジェントルマン」の育成を目的とし，実学分野の研究や企業技術者，ビジ

ネスリーダーの養成を嫌ったため，産業革命後は高度な科学教育を身につけた技術者，労働者育成の必要から新たな大学が誕生する[12]。その先陣を切ったのが1836年設立のロンドン大学である。当初は非国教会的性格の強いユニヴァーシティ・カレッジ・ロンドンと，それに対抗して急遽作られた国教会系のキングス・カレッジ・ロンドンに学位を授与する機関として発足したが，その後，広く市民に門戸を開く市民大学（Civic University）の草分けとなる。ロンドン大学設立を機に，産業革命の中で勃興した地方都市でも大学設立の機運が盛り上がり，1870～80年代，ニューキャッスル大学，リーズ大学，ブリストル大学，シェフィールド大学等七つの新しい大学が誕生する。オックスブリッジが石造りであるのに対し，この時期に作られた大学では建物に赤煉瓦が使われたことから赤煉瓦大学（Redbrick University）と俗称された。

　第2次大戦後，「ロビンズ報告書」によって大学新設の必要性が答申され，サセックス大学やヨーク大学など20近い大学が新設された——ガラスの部分が多い建築様式のために，この時期の大学は「板ガラス」大学（Plateglass Universitiy）と呼ばれる——ほか，大学レベルの高度職業人養成機関としてポリテクニック（技術専修学校。学位授与件は持たず）が多数設置された。その後，イギリス経済の停滞を打ち破る必要を感じ，また大学の閉鎖性や非効率性に批判的だったサッチャー首相は，高等教育の分野にも自由競争の原理を持ち込み，第三者機関による大学評価システム及びそれに連動した補助金分配システムを導入した。また1992年にはポリテクニックをはじめ多くの高等専門学校を大学に昇格させた。それまで学位を授与できる大学は46校しかなかったが，サッチャー改革で大学の数は倍増し，現在では100を越えるようになった。10％前後の大学進学率も30％に拡大している。

　ただ，労働者階級の家庭の進学率は今も低い。大学進学者の7割近くは上流か中流の中以上の家庭の子弟で占められ，労働者階級の出身者は10％にも満たない。経済的な問題に加えて，シックスフォームやAレベル試験の制度がコンプリヘンシブの学習では不利なこと，そして何よりも，無理に大学に進学しても，高学歴が当然のように階級の上昇をもたらさない社会の現実があるからだ[13]。日本には階級制度がなく，高学歴を得ることで社会的地位の上昇が可能であった。そのため社会のボリュームゾーンである中流層が参加する激しい受験競争

が生まれ，学歴格差や偏差値評価，学閥等の問題を抱えることになった。これに対しイギリスでは，学歴格差の以前に階級問題が横たわっており，不平等は階級制度を中心に議論される。日本人はイギリス人が他人の階級に拘る様を滑稽に思う。しかしイギリス人は，学問好きでもないのに我も我もと大学を目指し，入学後はレジャーランドと化す様を見て，また就職や結婚，出世競争を通して終生出身大学の序列や偏差値を気に留め，学歴に拘る日本人を奇異に思っているのだ。

ケンブリッジ大学キングス・カレッジ

● **オックスフォードとケンブリッジ**

　イギリスを代表する名門大学は，いわずと知れたオックスフォードとケンブリッジの両大学であり，併せてオックスブリッジと呼ばれる。オックスフォード大学，ケンブリッジ大学と名乗る単体の大学があるわけではなく，数多くのコリッジ（学寮）の集合体の総称である。12世紀にオックスフォード大学が誕生し，暫くしてオックスフォードから移り住んだ学者によって13世紀初頭ケンブリッジ大学が立ち上げられたが，以後19世紀までの約700年間，この国において大学と呼ばれたのは，この二つだけである。

　両大学の最大の特徴は，一般の大学と異なるコリッジ制度にある。当初コリッジは貧困学生が学ぶための厚生施設として設けられたが，その後自費学生の数が増えたため，エリザベス1世の頃，ケンブリッジ大学では全ての学生はいずれかのコリッジに属さねばならなくなった。オックスフォードもこれに倣い，17世紀半ば，現在のようなコリッジ制度が確立する。オックスブリッジでは，コリッジで行われる教師一人に対して学生一人ないし数名で実施する個人指導（オックスフォードではテュートリアル，ケンブリッジではスーパーヴィジョンと呼ぶ）が極めて重視されている。学生は自分の専攻した領域に関して担当教授から指示された膨大な文献を読み，提出した小論文（エッセイ）に対して週1〜2回行われる個人指導を通して，自らの立論の当否を熟考し，また自己表現の

方法を身につけていく。普通の講義も行われているが，出席は強制ではなく，個人指導の準備に忙殺され，講義に出ない学生も多い。

現在，オックスフォード大学には46，ケンブリッジ大学には31のコリッジがあり，それぞれが独自の歴史と伝統を誇りつつ大学を構成している。両大学とも世界大学ランキングで毎年アメリカのハーバードやMITと世界トップの座を競っており，研究水準は世界最高レベルにあるが，伝統的にオックスフォードは哲学，歴史学など人文科学系に強く，また政界に多数の人材を送り出している。一方のケンブリッジは経済学，数学，物理学など自然科学系を得意とし，研究者や実業界に人材を輩出している。俗に首相の数ではオックスフォード（オックスフォードはキャメロン，ブレア，サッチャーなど26人，ケンブリッジはウィリアム・ピット等14人），ノーベル賞受賞者ではケンブリッジ（2006年時点でケンブリッジ81，オックスフォード47人）ともいわれる。日本の大学に喩えれば，オックスフォードが東大，ケンブリッジが京大というところか。

オックスブリッジに入るには，Aレベル試験で良い成績を取るだけではなく，各コリッジが実施する独自入試や面接を突破しなければならない。そのためにはコリッジが求める思考様式や立ち居振る舞い，嗜好等を身につけておかねばならない。昔から多くの卒業生を送り込んできた名門パブリックスクールはコリッジとの関係も深く，独自入試の傾向や面接に対するノウハウを持つが，公立高校の卒業生にはそうしたバックアップがない分不利となる。最近ではオックスブリッジにも公立学校出身者が増え，中流以下の子弟もかなり入学しているが，それでも半分以上はパブリックスクール出身者が占める。特にオックスフォードのクライストチャーチのように長い伝統と権威を持つコリッジほど貴族的体質が強く，中流階級以下の出身者には居心地が悪いという。

● **イギリス社会を支配するオックスブリッジ**

オックスブリッジは，イギリス各界にエリートを送り続けている。1995年時点で，保守党下院議員319人中149人，ほぼ半数がオックスフォード，ケンブリッジ両大学の卒業生であった。同じ時期（1997～98年）の高級官僚全体の41％，18人の事務次官中11人がいずれもオックスブリッジの卒業生である[14]。保守党のメージャー元首相は，大学を出ないで首相に登り詰めた数少ない政治家だが，彼の内閣でも22人の閣僚中大学を出ていないのはメージャーとウェイカム

閣僚の学歴と階級的出自〔1916〜84年〕
(二大政党のエリートたる閣僚の場合)

(単位:％)

	1916〜55年		1955〜84年	
	保守党 (98人)	労働党 (65人)	保守党 (77人)	労働党 (56人)
教　育				
初等教育・中等教育のみ	4.0	50.7	2.5	37.5
パブリックスクール	76.5	26.1	87.1	32.1
イートン・ハロー校	45.9	7.6	36.3	3.5
非大学卒業者	30.6	55.3	19.4	37.5
オックスブリッジ	63.2	27.6	72.8	42.8
全大学	71.4	44.6	81.6	62.5
階級的背景				
貴　族	31.6	6.1	18.1	1.8
中産階級	65.3	38.4	74.0	44.6
労働者階級	3.0	55.3	2.6	41.0
不　明	―	―	4.0	12.6

マイケル・モラン『イギリスの政治と社会』吉瀬征輔他訳(晃洋書房,1988年)189頁。

上院議長だけで、10人がケンブリッジ、6人がオックスフォード大学の出身者で占められていた。

　なかでもオックスフォード大学のPPE(哲学・政治・経済学)コースは、政界エリートの供給源として注目を集めている(下院にはイートン校出身者が20人いるが、PPE出身者は35人に上る)。パブリックスクールのエリート輩出率は低下傾向にあるが、オックスブリッジの優越は現在も他大学を圧している。中等学校までは進路の多様化が見られても、大学におけるオックスブリッジのステータスは不変といえる。

3　開かれた社会

●海洋性・開放性・国際性

　イギリスは我が国と同じ島国だが、海外から孤立し鎖国化し易い日本とは異なり、非常に開かれた社会を形成している。島国暮らしの生活ゆえに、やや内向的でシャイな国民性は我々日本人とも相通じる面があるが、彼らの社会は外

国や多様な民族に広く開かれたもので，その開放性や国際性の高さは日本の及ぶところではない。それは，ロンドンと東京——例えば地下鉄に乗っている人たちの国籍や人種の多様性を見比べればよい。あるいは国際空港の中で利用旅客数が世界最大のヒースローと成田空港の比較でも明らかだ。現在，イギリスにおける非白人（エスニックマイノリティ）の比率は10％弱だが，ロンドン市内では4人に1人がマイノリティで占められている。

　ケルト，ローマ，アングル，サクソン，デーン，ノルマン等々様々な人種が次々に大陸から攻め入り，支配—被支配から混住一体化への過程を繰り返す中で，現在のような複合重層的な民族社会が形成された。中世以降はユダヤ人が多数移り住み，政財界で活躍する。財閥ロスチャイルドはドイツ系，マーク・アンド・スペンサーはロシア系ユダヤ人の創設だ。19世紀の政治家ディズレーリもユダヤ人である。その後，大英帝国の時代にはアジア，アフリカの植民地からも人がやってくる。特に第2次世界大戦後，植民地が次々に独立を果たす過程でカリブ海地域や南アジア，アフリカから大量の移民が流入し，新たなイギリス人となった。外部から隔離された環境の下で単一の「イギリス人」が生まれたのではなく，雑多な民族が交わる中で多民族社会が生まれ，その社会を構成する人全てがイギリス人と呼ばれたのである。

　日本もイギリスも，交易や人の渡来，先進文化の受容等自国の発展に際し大陸から大きな影響を受けてきた点では共通の民族体験を持っている。しかし，日本の場合は鎖国と開国の時期が交互に訪れ，外国との接触交流が密になるのは歴史の一時期に集中したのに対し，イギリスは途切れることなく大陸の影響を受け続けてきた。それはイギリス人の大陸諸国に対するコンプレックスを生んだが，反面，島国でありながら，生活圏や国民の意識がブリテン島内部で自己完結することにはならなかった。国家の政治から結婚や親戚づきあいなど庶民の日常生活に至るまで，すべて外国との交わりが視野に収まっていたのだ。「イギリスでは庶民でも皆海外に親戚がある」といわれる程に海外との繋がりが深いのだ。

　そして，多くの海洋冒険小説が生まれた国柄からも窺えるように，海洋性に富む冒険好きの国民は，自らも積極的に海外進出を果たした。
「統べよイギリスよ　イギリスは大海原を制覇せよ（Rule, Britannia! Britannia

rule the waves)」(愛国歌「ルールブリタニア」)。

　海に乗り出し，世界を支配したイギリス人は，逆に海外からの人の受け入れにもオープンであった。名誉革命の際，この国は新たな王を外国（オランダ）から招いている。この措置には反発も起きたが，ダニエル・デフォーは「生粋のイギリス人」という詩を著し，イギリス人といえど様々な種の寄せ集めであり，生粋のイギリス人など存在しないと反論し，これが社会に容れられた[15]。単一民族神話に拘り，それが美点として通用する国とはまるで違う。このような国柄だから，マークス寿子氏が指摘されるように，敢えて「国際化」など叫ぶ必要もないし，そもそも国際化という言葉も生まれなかった。国際化のスローガンを掲げねばならないのは，日本が未だ世界から孤立した閉鎖社会であるからだ[16]。国の内外での線引きが緩やかなこともあり，観光はいうに及ばず，イギリスの高等教育もアメリカに次いで人気があり，約30万人の外国学生がこの国で学んでいる。語学留学だと70万人以上に上る。また海外から1万人の医師や看護師ら医療関係者が研修を受けに訪れる。世界中から人が集まることが，この国の魅力をさらに高めているのだ。

● 多文化主義の移民政策

　このような国の成り立ちから，イギリスでは現在も多民族との共生を基本とする多文化主義が採られている。フランスのような同化主義を採らず，移民の受け入れに当たっても，「イギリス人」たる価値観や理念の受容を強く迫ることはない。外国人にとっては母国の習慣や風習を維持しながら暮らせることは大きな魅力となる。植民地を中心に戦後多くの移民が流入し，国際色がさらに色濃くなったのは当然だ。

　もっとも最近では，異文化間コミュニーションの不足から，社会から孤立した民族コミュニティが出現し，それが過激派やテロリストの温床ともなっている。海外から入り込むのではなく，イギリスで生まれ育ったムスリム（移民の2，3世）が過激思想に共鳴し，イギリスの国内外で自爆テロを行うのだ。また多民族国家の様相が強まるにつれて，イギリス人としてのナショナルアイデンティティの危機や国民的分裂の恐れも懸念されている。

　しかし，国を閉ざせば問題が解決されるというものでもない。移民や外国人受け入れに見せるこの国の寛容さは，世界のグローバル化やEUの拡大という

時代潮流に適うものである。克服すべき難題は多くとも，イギリスの立ち位置は国際社会の範たりうるものである。

● マルチキャピタリズムの国

イギリスは，外国の企業や外国資本の受け入れにおいても開放的である。外国資本に対する制限がほとんどなく，国内企業と同じ条件で競わせることを基本方針としている。同じEUでもフランスの場合は，外国資本の参入を規制する保護主義的な側面が強い。イギリスへの国際投資は欧州一，世界でもアメリカに次ぐ第2位であり，アメリカの海外投資及び日本の対欧投資の40％，ドイツの海外投資の15％をイギリスが占めている。

EUの牽引役を自認するフランスが外国企業に対して閉鎖差別的であるのに対し，EUの統合にシニカルなイギリスが寛容という構図だが，古くからの海外交易と自由貿易の伝統がなさしめるものであろう。ヒースロー空港は外国資本（スペイン）が運営していると聞いて驚く日本人の如何に多いことか。

島国ではあるが，島国的な閉鎖性に陥ることなく，マルチカルチャリズム（多文化主義）やマルチキャピタリズム（多国籍資本主義）を堅持している国だからこそ，自ずと世界中から学生やビジネスマン，芸術家が集う国際国家となるのである。

4　思考・哲学と国民性

● 経験論の伝統

イギリス人の思想及び思考の特徴として第一に挙げられるのは，経験論ないし経験主義の伝統である。イギリス経験論の源流はF. ベーコンに求められ，次世代のロックがこれを理論化しするとともにイギリス自由思想を完成させる。さらに徹底した経験主義者のヒュームを経て，ベンサムやその影響を受けたミル父子の功利主義へと継承された。デカルトに代表される大陸の理性主義は，人間の思考や論理を重視する理知主義の発想に立つが，この国では「人は過ちを犯す存在」との前提に立ち，経験を伴わない人間の抽象的な思考活動や論理に限界のあることを冷徹に受け止める。

フランスでは，国民の権利（人権）という抽象的な権利がまず想起され，そ

の存在を前提（人権宣言）に，如何にすれば人権が確保できるか，侵されずに済むかを論議する。それに対しイギリスでは，具体的な経験の積み重ねの中で必要と考えられるに至った個別具体的な権利の集成を人権として確認する（「権利の章典」）プロセスを辿る。「初めに真理有りき」のフランスの場合，人権思想が絶対化し，王制は完全に廃され，高々と万民平等の思想が掲げられてフランス革命は大成功したやに見えたが，その後の経緯が示すように，民主革命を断行しながらも再び独裁者を生み出し，あるいは人権保障のあり方等具体的な政策を巡って凄まじい流血の事態を受忍せねばならなかった。革命（revolution）とは社会秩序の「回転（revolt）」であり，一見進歩したように見えても，混乱の挙げ句に気がつけば元に戻っただけではないか，イギリス人はこのように受け止める。

　イギリスでは，貴族階級が中流・労働者階級に譲歩し，主権は「国王と議会」にあるという中世以来の建前は残したまま，選挙権の拡大，つまり革命ではなく選挙法規制という日々の改革によって国民主権を実現した。理論先行の思想は体系的・包括的・普遍的に見えるが，現実の世の中はそれだけで処理できず，理論に引き摺られれば必ず無理や破綻が生じる。例外のないルールはない。人が頭の中で考え出した抽象的な理論を神聖不可侵なものと絶対化させず，一見非体系的に見えても，実生活や自らの体験の中から社会に適合するルールや権利を個別に積み上げていく手法をイギリス人は好む。大陸国家の演繹論と対照的に，帰納論重視の国柄なのだ。宗教面でも，英国教会の教義は極めて穏当だ。国王の都合で生まれた世俗性に加えて，厳しい神の論理や戒律よりも実際にそれを受け入れる一般信者の視点に拠っているからでもある。高邁な理念や空論よりも実利を好む性格は，日本人にも相通ずる面があるが，この実用主義的（プラクティカル）な思考様式が商業交易の発展を促し，外交交渉に長けた大英帝国を生み出したのである。

　experience without learning is better than learning without experience「学問なき経験は経験なき学問に勝る」の格言がこの国にあるが，経験重視の発想は，伝統や継続性を重視する意識とも連なる。条文法典の抽象的な文言規定によって生身の人間が縛られることを忌避し，過去の営みの中で生み出された叡智としての慣行や慣習を法規として重視するのもそのためだ。アメリカ人

と違い，イギリス人の「転石苔を生ぜず」の解釈は日本人のそれと近い。『フランス革命の省察』で抽象的論理の絶対化がもたらす悲劇を指摘したエドマンド・バークは近代保守主義の祖と呼ばれるが，保守主義の政治思想がこの国で誕生したのもこうした思考が背景にある。そして，社会を不安に陥れる完全無欠な理想よりも現実的な妥協の方が賢明だと考える姿勢は，常識（コモンセンス）尊重の意識に通じる。それは中庸やバランス感覚を重んじる発想でもある。価値観や国家の政治方針がころころ変わることはないし，日本のような「過去との断絶」もこの国では絶対に起こりえない。経験重視の傾向は，自然科学の分野にも当てはまる。実験室や紙の上の計算ではなく，自分の家の裏庭を眺めていた際，林檎の実が木から落ちるのを見て万有引力の法則を発見したニュートンの逸話がそれを象徴している。長い年月を通しての適者生存の進化論を唱えたダーウィンがイギリス生まれであることは興味深い。

● **斬新なソフトウェアと社会システム作りの名人**

イギリスは経験や伝統にこだわり，古いものを大事にするが，その一方，斬新な物，とんでもなく先を行くものを生み出す国でもある。伝統や既成権威が強ければ強いほど，それに対する反発，否定も強まり，それを乗り越えようとするベクトルが，新奇斬新なファッションや新たなソフトウェア，システムを生み出すのだ。一方向への傾斜を避けようとする中庸の原理や，多文化主義の国で様々な文化に対する寛容の姿勢も多分に影響している。人工授精やコンピュータといった科学面での貢献や，ビートルズやミニスカート，リーゼントカットやパンクファッション等服飾や音楽の分野でも先端を切り開いてきた。伝統支配が新奇斬新さを生み出すアイロニーともいえる。

また，現実の世の中に受け入れられる新たな社会運営のルールやシステムの構築に，イギリス人は抜群の能力を発揮する。これも経験主義的思考がもたらす民族的才能の一つである。議会制民主主義や官僚制度，社会福祉，ナショナルトラスト，ボランティア，保険，旅行代理店，修学旅行等々世界中の国がそれを真似ることで瞬く間に世界ルールとなったものが無数にある。世界標準時も鉄道も郵便の制度も全てそうだ。郵便制度発祥の地イギリスでは，金額以外には切手に国名も郵政局の名前も何も印刷されていない。これは世界中でイギリスだけだが，郵便制度を生み出した国の自信の現れだ。頭の中の理論だけに

拘泥せず，実際の社会や現場を踏まえた体験的思考法に依るから，受け入れられ易いソフトが次々と考え出されるのだ。最近では，街頭雑誌（『ビッグイッシュー』）の販売を通じてホームレスの自立的救済システムを考え出したのも，ほかならぬイギリスである。

　ジョージ・オーウェルは「イギリス民族」と題したエッセイで，「イギリス人は世界で最も人気のあるゲームの幾つかを発明し，それらを他の如何なる文化的産物よりも広範囲に広めた」と述べているが，この国から多くのスポーツが誕生したのも同じ理由によるものだ。世界中の民族が似たような運動をしてきたが，それをルール化し普遍的な競技へと高めたのは，システム作りの名手イギリス人だからできた妙技といえる。植民地を失い，経済面での衰退が進んでも，イギリスが未だに世界の大国としての座を保ち，国際社会に強い影響力を発揮し続けることができるのは，ルールやシステム作りの強さ，つまりソフトパワー大国だからである。

● **フェアの精神**

　イギリス人は「フェア（公平）」であることを非常に重視する。大陸諸国やアメリカの説く「正義」ではない。英語の「フェア」に当たる言葉は，大陸国家のドイツ語やフランス語，それにイタリア語にもない。正義に固執すれば抽象的な理念と理念の対立を招き，過激に走り易いからだ。現実的でバランスを重んじるイギリス人にとって大切な倫理は，価値観の優劣善悪よりも不公平をなくすことにある。何時如何なるものも公正な待遇を受ける権利が認められるべきとの考え方で，これが多くのスポーツのルールにも採り入れられている。フェアの精神は中世騎士道の理想に由来するともいわれる。ちなみに「It is not criket」といえば，「それはフェアではない」の意味になる。

　古くからこの国には，高貴な身分を持つ者は社会に責務を負うノブレスオブリージェの使命感や，喜捨，救貧，ボランティア（奉仕）を尊ぶ国民倫理がある。「弱者を思いやる意識」では，いずれもフェアネスと共通のものである。[17]

● **シャイで個人主義の強い人たち**

　陽気でフランクなアメリカ人を西洋人の代表と考えがちな日本人は，あまりしゃべらず，表情もそれほど豊かでないイギリス人を見て，お高くとまっている，あるいは冷たい国民ではないかとの印象を抱きがちだ。確かに当たり障り

のないつきあいに終始し，「一度お食事でも」といいながら実際には一度も自宅に招こうとしない，そうした経験が積み重なると，イギリス人は偽善者だと思ったことも滞英中間々あった。しかし，実はこれはイギリス人がシャイで恥ずかしがり屋の国民だからだ。内気な人が多いから，なかなか他人と親しくなれないし，友達になるにも時間がかかるのだ。

　シャイな性格だけでなく，個人主義の強さも関係している。イギリス人は常識を尊ぶといったが，それは他人と同じ行動を取る，長いものに巻かれるという意味ではない。自由の伝統から一人一人は十分に個性的であり，自身の主義主張も持っている。日本人と異なり，個人的な主張を持たなければ一人前の社会人として扱われない。大勢に流され，大勢に従って意見を決めることを嫌う国民性だから，全体主義や独裁国家を強く嫌うのである。しかし，自己主張を持ちながらも，対人関係では距離を置きたがる民族でもある。アメリカ人はいつも自宅に人を呼んでパーティを開くが，イギリス人はいつもパブで語らう。これは他人との距離を短くすることで親密になり過ぎ，互いのプライバシーを損なうのを避けようとするからだ。この国は個人主義が発達しているといわれるが，それは自らの権利・自由の尊重はもちろんだが，それに留まらず他人の権利やプライバシーを侵してはいけないとの意識でもある。他人を無視しても自分を主張するということはしない。相手に無関心な態度を示すのは，相手の自由を尊重しているからだ。イギリス紳士があまり感情を表に出さず，寡黙であるのは，他人の権利や自由，プライバシーを傷つけまいとの配慮，自制の表れでもある。

　「私の個人主義」と題する講演の中で夏目漱石は「英吉利という国は大変自由を尊ぶ国であります。それほど自由を愛する国でありながら，また英吉利ほど秩序の調った国はありません。……あれほど自由でそうしてあれほど秩序の行き届いた国はおそらく世界中にないでしょう。日本などは到底比較にもなりません。しかし彼らはただ自由なのではありません。自分の自由を愛するとともに他人の自由を尊敬するように，子供の時分から社会的教育をちゃんと受けているのです。だから彼らの自由の背後にはきっと義務という観念が伴っています」と述べているが，自分の自由や権利を重視するから，他人の自由や権利を尊重するのがイギリスの個人主義だ。

佐藤淑子氏が指摘するように,「自己主張が高く自己抑制が低い」アメリカ人に対して,「自己主張が低く自己抑制の高い」のが日本人,そして「自己主張が高く自己抑制も高い」民族がイギリス人だ[18]。同じ島国でも,平地の少ない日本と違ってイギリスの国土の大部分は緩やかな丘陵地だ。人口密度の低さが個体間距離を広げ,個人主義を生み出したのだ。狭隘な平野にひしめき合って住まねばならない日本の場合,この距離は異常に狭くなり,皆が恙なく暮らすには集団や組織の和を大切にする生活の教えが重視される。人と人の間の距離が適度に開き,個人の意志や自由が守れる共同体だからこそ,イギリスには個人が国家・社会に優位する意識も生まれ,これが世界初の人権思想へと結実したのだ。社会の和を尊ぶ集団主義の日本では,他者への思いやりや気配りを尊ぶ情の世界が現出した反面,国家・社会が個人に優位する意識が支配的となった。島国という限界空間でありながらも,広い個体間距離が確保できたイギリス独特の環境が,社会の統一安定と個人の権利確保という相反しがちな要求を絶妙のバランスをもって両立させたのである。

● **忍耐強く沈着冷静:ジョンブル魂**

イギリス人を「ジョンブル」と呼ぶことがある。この言葉は,スコットランド出身の医者兼作家のジョン・アーバスノットが書いた『ジョン・ブル一代記』(1721年)から生まれたもので,ジョンブルとは,太鼓腹をした背の低い中年イギリス紳士のことである。見かけは冴えないが,独立心旺盛な誇り高い商人で,自由と平和を愛し,正直明朗な性格の良き家庭人,そして何よりも重荷や苦難に耐える忍耐強い人物として描かれている[19]。ここから,隠忍自重の粘り強い精神や負けじ魂のことを,ジョンブル魂とかジョンブル精神と呼ぶようになった。これと似た言葉にダンケルク精神がある。1940年5月,ドイツ軍に追われた英軍は北部フランスのダンケルクから撤退を余儀なくされたが,冷静に敗北を受け入れ粛々と撤退しつつも,時を待ち反攻の機会を窺う粘りの精神を賛えたものだ。

この国では店員の対応が遅いこともあって,店先でイギリス人はいつも行列を作る。英語でキューイング(queuing)といい,先取順に権利を認めようとする合理的な生活作法であるが,どこでも,そしてどんな時も彼らは黙々と忍耐強く列に並んで自分の順番が来るのを持っている。割り込みする者も無いし,

遅いと痺れを切らし，不満を述べ騒ぐ者もいない。2010年の冬，大寒波で交通が混乱した際，ユーロスターに乗るための列が夜を通してセントパンクラス駅の周囲数kmにも伸びたが，淡々と列をなして夜を明かした多くのイギリス人の様子はまさに驚きを超えて感動的でさえあった。第二次世界大戦では，ドイツ軍の執拗なロンドン爆撃を耐え忍んだのも得心がいく。

　イギリス人はただ辛抱強いだけでなく，非常事態や危機に際して極めて冷静沈着な民族でもある。イギリスの小説家エドワード・M. フォースターは「イギリス国民性覚書」[20]において，災難に襲われた時もイギリス人は鈍感なほどに冷静だと述べるが，困難な状況でも平静を保つことが美徳とされ，パニック的状況下でも落ち着いた態度を取れるよう，イギリス人は「上唇を硬くせよ」（stiff upper lip）と躾けられて育つ。人前で泣きわめいたり感情を露にすることがないよう，常に上唇を硬くしておけということだ。日本でも「にやにやと人前で歯を見せるな」と躾けられた時代があったが，それと似たものである。イギリス紳士の製造工場であるパブリックスクールでも，紳士たるもの決して冷静さを失うな，取り乱すなと教えたが，もう一つ，特定分野に通じた専門家（プロフェッショナル）育成ではなく，アマチュアリズムを重視したパブリックスクールの教育が，広い視野と，予期せざる事態においても巧みに危機を切り抜けることのできる臨機応変，柔軟な思考能力の育成に貢献した。天性に加えて，後天的な躾や教育の成果でもあるのだ。

　イギリス人はユーモアを愛す国民だ。彼らのユーモアは自虐的で，自らを笑いの対象とするものが多いが，その場の状況に飲み込まれず，困難に陥っている自分自身をも，少し離れた場所から冷たく見放したように観察できるからジョークやウィットが生まれるのだ。待つことに耐える忍耐力や危機に動じない冷静沈着さは，急かず焦らず物事を長期的に考えることができるということでもある。ただ伝統や歴史を重視するだけではなく，長期的な視点で思考できる民族だからこそ，何世紀にもわたり覇権を維持し，また第一級の国家戦略を構築できたのである。

●注釈
1）　英連邦に属すニュージーランドの人間から見ても，イギリスの階級制は異様に映

っている。「イギリスに足を踏み入れた途端，僕はブリッツ（イギリス人の俗称）一流の階級定義法に気がつきました。ニュージーランドでは，階級はホワイトカラーとブルーカラーの二つだけで，仕事の内容で決まってしまいます。ところがイギリスでは，貴族階級，アッパーミドル，ミドル，ロアーミドル，ワーキングクラスと明確に層別されている。……僕の考えでは，ワーキングクラスも，自分たちの持ち分が何なのか，つまり自分たちの居場所と階級を心得ていて，それでけっこう幸せなのです。……そんな中にも，一握りのやはり他の階級の人たちを羨む人たちがいるようで，とくにミドルクラスにとっては，上の社会階級が気になり，そのライフスタイルを羨ましく思い，みんな一様に野心を抱いています。でも，お金ではないのです。また三つの階級（アッパー，ミドル，ワーキング）の違いは際立っています。絶対にオーバーラップせず，しかも大多数は他の階級の人びとのようになりたいとは考えていない」キャスリーン・マクロン『裸にされたイギリス人』柳本正人訳（草思社，1996年）171～172頁。
2) 水谷三公『王室・貴族・大衆』（中央公論新社，1991年）160頁。ロイド・ジョージは首相在任中に91の爵位を創設して300万ポンド近い党資金を掻き集め，戦後は労働党のクレメント・アトリー首相が98人を貴族に奏請している。海保眞夫『イギリスの大貴族』（平凡社，1999年）27～28頁。
3) 村岡健次・川北稔編著『イギリス近代史』（ミネルヴァ書房，2003年）108～109頁。
4) M．J．ウィーナ『英国産業精神の衰退』原剛訳（勁草書房，1984年）165頁。
5) 小林章夫『イギリス貴族』（講談社，1991年）40頁。
6) 新井潤美『階級にとりつかれた人々』（中央公論新社，2001年）73頁。
7) D. Cannadine, *Class in Britain* (New Haven, Yale Uuniv. Press, 1998), p. 22.
8) 「イギリスの階級制度の原因は深く歴史に根ざしているが，常に教育システムと結びついてきた。それはヨーロッパ大陸諸国や日本のシステムと比べて，その頂点，底辺のいずれにおいても驚くほど対照的である。その底辺の方を見ると，イギリスでは，生産業向けの基礎的な訓練が相変わらず絶望的なまでに欠落している。世界の主要な先進工業国の中では，16歳から18歳までの生徒で昼間の学校で教育や訓練を受けている割合はイギリスが最も低く，1987年にはわずか35％であったが，旧西ドイツでは49％，フランスでは69％，日本では77％，アメリカでは80％となっている。エレクトロニクスやコンピューターやロボットの時代になって，教育程度の高い労働力が産業界の躍進の鍵であることを日本人は世界に示したが，イギリスはコンピューター技術者など，極めて重要性の高い分野で高度の訓練を受けた人材を十分に輩出することができないでいる」。アンソニー・サンプソン『最新英国の解剖』廣淵升彦訳（同文書院インターナショナル，1993年）122頁。
9) 名門とされるパブリックスクール31校中，最古のウィンチェスターとイートンを除き，17校が16世紀に，残る12校が19世紀の創設である。名門パブリックスクールは，宗教改革時代に創立された「中世パブリックスクール」と19世紀の教育復興の気運に乗じて興った「近世パブリックスクール」の二つの集団に分類できる。池田潔『自由と規律』（岩波書店，1963年）14～15頁。

10) 竹内洋『パブリック・スクール』（講談社，1993年）106～107，125頁。
11) 伊村元道『英国パブリック・スクール物語』（丸善，1993年）193～194頁。
12) オックスフォード・ケンブリッジ両大学はジェントルマンや政治家の養成所であったために，専門的職業のための教育より，人文主義的な教養教育の理想を堅持し，擁護してきた。産業革命を先導したのが，技術教育を受けていないリチャード・アークライトなどのいわばアマチュアの職人発明家たちによったこともあって，両大学はイギリス産業の勃興にほとんど役割を果たさなかったのである。技術教育は職人や下層中産階級に任せておけばよいと考えられていた。外国の警戒すべき競争力に注目し，イギリスの優越を維持するために何か必要であるかを指摘した一人は，ラグビー校校長トマス・アーノルドを父に持つマシュー・アーノルドであった。彼によれば，「現在のイギリスと大陸諸国との違いのうち，科学の理念に対して大陸で認められている重要性と，イギリスでのこの理念の依然たる軽視ほど目立っているものはない。……わが国の学校制度は，まさしく知的機関であるにもかかわらず，われわれの重大な知的欠陥である科学に対する消極性を打ち破るなにごともしなかったし，また，してはいないのである」。ポール・スノードン，大竹正次『イギリスの社会』（早稲田大学出版部，1997年）134～135頁。
13) 「このこと（進学意欲の薄さ）から，英国の労働者階級は親とおなじ生活をすることでよいと考えていて野心が小さいと結論づけるのは，日本人（中間階級文化）的誤読である。日本社会（あるいは中間階級）においては，野心は学歴野心として水路づけされやすいから，学歴野心がないと野心そのものがないような解釈が生まれやすい。しかしこれは文化拘束的な解釈である。英国の労働者階級の子弟が高等教育を志願することが少ないことは，親とおなじ生活を送ればよいと思っていることを必ずしも意味しない。親よりも大きな家，高級な車を持ち，親よりも良い生活をしたいという野心はあっても，日本社会や中間階級の場合のようにそれが学歴野心（大学進学）に変換されないで，就職や職業資格，（短期的）金銭的野心に水路づけられてしまうということである」。竹内洋，前掲書，87～89頁。
14) アンドリュー・ローゼン『現代イギリス社会史』川北稔訳（岩波書店，2005年）2～3頁。
15) 小林章夫『物語　イギリス人』（文藝春秋社，1998年）129～130頁。
16) マークス寿子『大人の国イギリスと子どもの国日本』（草思社，1992年）220～221頁。
17) 但し，ノブレスオブリージェや奉仕の精神が，この国の階級制度と深く結びついている一面を見落としてはいけない。それは，上下の固定的な身分関係を前提に，自らの地位が脅かされることなき「持てる者」が，そもそも自らと競り合うことのない別世界の「持たざる者」を対象に，階級的優越感の発露として行う施しでもあるのだ。大石俊一『「英国」神話の解体』（第三書館，1994年）97頁。
18) 佐藤淑子『イギリスのいい子　日本のいい子』（中央公論新社，2001年）31頁。
19) 小林章夫『物語　イギリス人』151頁。
20) 「ヨーロッパ人達はよく『イギリス人のいいところは穏やかで落ち着いていること

で，彼らは何が起こっても平気でいる点だ』といっていました。たとえば，すてきなレストランで美味しい食事をしているときに，キャンドルの火か何かでカーテンが燃え上がったとしてもイギリス人は食べ続けるのではないですか。とてもクールなのです」キャスリーン・マクロン，前掲書，206頁。

● 参考文献
[階級制とジェントルマンの国]
海保眞夫『イギリスの大貴族』（平凡社，1999年）
ジリー・クーパー『クラース』渡部昇一訳（サンケイ出版，1984年）
浜渦哲雄『英国紳士の植民地統治』（中央公論新社，1991年）
マーク・ジルアード『英国のカントリー・ハウス（上・下）』森静子他訳（住まいの図書館出版局，1989年）
村岡健次他編『ジェントルマン・その周辺とイギリス近代』（ミネルヴァ書房，1987年）
杉江惇宏『英国カントリー・ハウス物語』（彩流社，1998年）
[学校教育と大学]
秋島百合子『パブリック・スクールからイギリスが見える』（朝日新聞社，1995年）
小池滋『英国流立身出世と教育』（岩波書店，1992年）
G. ウォルフォード『パブリック・スクールの社会学』竹内洋他訳（世界思想社，1996年）
下條美智彦『ヨーロッパの教育現場から──イギリス・フランス・ドイツの義務教育事情』（春風社，2003年）
鈴木秀人『変貌する英国パブリック・スクール』（世界思想社，2002年）
[開かれた社会]
佐久間孝正『変貌する多民族国家イギリス』（明石書店，2003年）
[思考・哲学と国民性]
Terry Tan, *Culture Shock Britain*（Kuperard, 1992 ）
ピーター・ミルワード『イギリス くにとひと』中山理訳（英友社，1982年）
ピーター・ミルワード『イギリス人と日本人』別宮貞徳訳（講談社，1978年）

第4章　法と政治・外交

1　法秩序と政治制度

●コモンローと法の支配

　イギリス法制度の基礎をなすのはコモンローと呼ばれる不文・慣習法であり，制定法を基礎とする大陸諸国の法体系とは大きく異なっている。ノルマンによる征服で，ウィリアム1世の一族はイングランド全土の約半分に及ぶ広大な領域を支配する。封建制が未発達だったイングランドはこの政変で一挙に集権化が進むが，支配者側は人数が少なく，言葉も通じない。十分な統治基盤を持たぬ征服王朝は力による統治を避け，アングロサクソン族の生活習慣を尊重するとともに，地方政治や司法参加の自由を認め，先住者との協調融和の上に立つ支配体制を構築した。

　即ち，12世紀に国王は定期的に各地方に国王直属の判事（裁判官）を巡回させて裁判する制度を設けた。巡回判事は王が定める命令や法規ではなく，それぞれの地方の慣習に基づいて裁判を行った。当初は地域格差が存在したが，法的統一性を確保すべく歴代の国王が差異を均すよう努め，次第に各地域の最大公約数的な慣習やルールが形成されていく。こうした地方の慣習や規範を踏まえた判決の諸例は，成文化された法律よりも強い効力を持つと考えられ，地域や身分を越えた共通の法（コモンロー）と称されるようになる。また巡回判事による国王裁判では，各地方の騎士や地元有力者（のちの郷紳）を陪審員に登用して裁判が行われた。陪審制は教会や地方領主の裁判には許されず，国王の法廷だけが持つ特権だったが，このシステムが住民に地域政治への参加と連帯の意識を育むことになった。陪審制はコモンロー上の制度として発達し，現在のイギリスでも刑事事件の第1審で採用されており，一般市民から選ばれた12

人の陪審員が容疑者の罪状判断を下し，裁判官はこの評決に関与しないものとされている。

　ヨーロッパ大陸では常備軍と官僚制によって国家の統一と絶対主義の伸張が図られたが，イギリスでは慣習尊重と法廷・地方政治を通して確立されたコモンローが支配の源泉となった。為政者が統治の手段として上から定め下す実定法は圧政の象徴と受け止められ，イギリス人にとっての法とは，不文法たるコモンローを意味するようになる。それは自分たちの手で形成された良き習慣であり，良き習慣であるがゆえに守るべき規範足りうるのであり，国王といえどもコモンローに従わねばならないものとされた。ジョン王がマグナカルタ（大憲章）において，アングロサクソンの古法に基づく諸侯の権利を承認させられたのはそのゆえである。「王といえども神と法の下にある」（13世紀の法律家ブラクトンの言葉）の考えは，実定法優位を前提とした大陸法系の「法治主義」とは異なる「法の支配（rule of law）」の概念を生み出した。

　如何なる権力者も法に従うべきであり，法に基づく統治のみが正当性を持つこと，さらに統治のルールたる法は市民社会が形成すべきとの認識に立つがゆえに，人民の伝統上の法的権利の尊重を求めた「権利請願」を遵守しないチャールズ1世は処刑され，人々は「権利宣言」を受け入れた者を王に選んだ。また国王の統治権が民意の発現である法に従うべき旨を「権利章典」で明記したのである。統治のルールたる法は市民社会が形成するとの理解は，為政者の統治や法の制定は市民社会の委託によるとの社会契約論を生み出した。ジョン・ロックは『統治論』において，権力は人々の合意を基に為政者に信託されたものに過ぎず，為政者が信託に背けば主権者たる国民は抵抗権や革命権を行使できると説いたが，この考え方がフランス革命やアメリカ独立革命を支える論理となり，近代民主主義を生み出したのである。

　コモンローという不文慣習法を基礎とするイギリスには成文，単一法典としての憲法は存在せず，マグナカルタや権利請願等の議会決議や王位継承法，議会法等の成文法，判例，慣例の集合体が憲法規範の機能を果たしている。そのため，法律の改廃により憲法規範の変更が可能となる。一方，コモンローは過去の慣習や判例に基づく先例主義であり，新たな時代の紛争解決には十分に対応できないという問題がある。そこで，衡平法（equity）と呼ばれる大法官に

よる個別救済の法準則がコモンローを補完しているが，相互に矛盾を来す場合もあり，複雑な法解釈が求められる。また欧州統合の進展に伴い，(制定法主体の) 大陸法を基礎とする EU の法体系と如何に整合を図るかという課題にも直面している。例えば英国政府は欧州人権条約（1953年発効）を批准しながら，憲法として機能することを嫌い長らく国内法への編入を拒み続けてきた。同条約が国内の人権法に組み込まれたのは1999年のことである。イギリスも EU の一員であり，EU 法が加盟各国の法に優位する以上，将来的には EU の成文法が徐々にイギリスの不文法を塗り替えていくことが予想される。

● **議会制度**

イギリスには，王が臣下の助言を得て統治する伝統がある。アングロサクソン時代には国王の諮問機関である賢人会議が，ノルマン朝時代には国王を補佐する受封者（貴族）の合議体クレアレギス（王会）が存在し，政務全般に関与した。13世紀頃，戦費を募る必要から国王はそれまでの聖俗貴族とは別に，各州や都市の代表者を招集せねばならなくなった。のちの下院の起源である。絶対君主の時代，身分制議会が廃止や停会に追い込まれる国が多い中，イギリスのチューダー朝では議会が存続し，下院は一身分や一地方ではなく国民全体を代表するものと考えられるようになった。17世紀，国王と議会の対立は激化し，名誉革命で王制・議会制は引き続き併存することになったが，力関係では議会の国王に対する優位が確立する。

イギリスの政治制度に感銘を受けたモンテスキューは，『法の精神』を著して三権分立論を展開した。しかし，実際のイギリスの政治制度は均等な三権分立ではない。議会の権限が非常に強く，他の二権に対して突出した存在となっている。行政権（内閣）は議会の多数勢力で構成され，議会の信任無しには存続しえない（議院内閣制）。司法権には違憲立法審査権がなく，議会の立法権を抑制する機能が与えられていない。日本の最高裁に当たる最高法院も2009年までは上院（貴族院）がその機能を果たしていた（ブレア首相の上院改革で，最高裁判所が別途新設された）。これは王会が持っていた司法機能が分離されずそのまま引き継がれたためである。

現在の英議会は，直接・普通選挙で一般市民からの選出議員で構成される下院（庶民院：House of Commons）と，国王（女王）に任命された貴族で構成され

る上院（貴族院：House of Lords）からなる二院制である。下院議員は約650人で任期は5年，但し首相はいつでも解散できる。上院は世襲貴族，一代（終身）貴族，英国教会司教（聖職貴族）で構成される。一代貴族とは，生前本人一代に限って貴族に叙せられ，上院に席を連ねることができる一般市民（平民）で，ウィルソン，キャラハン，サッチャー等歴代の首相や元下院議員等政治家が多数を占め，これに高級官僚や外交官，銀行家，実業家，学者，労組幹部等各界の代表者が加わる。世襲貴族は全て上院議員となったため，かつて上院は1300人近い大所帯であった。しかしブレア政権が改革に乗り出し，世襲貴族の議席を100人以下に制限した（750人→92人）ので，現在の上院議員数は730人強（うち一代貴族が約590議席）と大幅に減少した。なお上院が最高裁を兼ねてきたため，法官貴族（最高裁判事の職にある法律専門家）も上院議員であったが，現在は廃止された。上院は下院を上回る権力を持っていたが，予算に対する拒否権を剥奪され（1911年），また下院が通過させた法案は上院が拒否しても1年後には下院が国王の同意を得て成立させることができるようになる（1949年）など，時代が下るにつれて下院の優越が強まった。下院議員の選挙権は18歳，被選挙権は21歳から得られるが，上院を構成する世襲貴族や聖職者，軍人，判事，公務員は被選挙権を持たない。また上院議員には必要経費を除いて給与（歳費）は支給されない。ノブレスオブリージェの考えに基づく。

　イギリスの議事堂は，ビッグベンと呼ばれる時計塔で有名なウェストミンスター宮殿が使われている。議会は国王の招集によって毎年10～11月頃始まり，会期は1年間。議会が秋に始まるのは，収穫が終わり，土地貴族に時間的余裕が生まれることを考慮した名残である。開会式には国王が上院に登院し，上下両院議員を集めて施政方針演説を行うが，下院議員は席がなく議場内で起立したまま演説を聞くしきたりだ。女王演説の直前に上院から下院にブラックロッド（黒杖官）と呼ばれる使者が出向き，女王が下院議員を召集していることを伝える。使者は閉ざされた下院の大扉を杖で叩き，扉を開くよう要請するが，下院側は1度叩かれただけでは開けず，3度叩かれたのちに渋々開けるという儀式が行われる。これは1642年，のちに処刑される国王チャールズ1世が5人の反国王派議員を逮捕するため下院に乗り込んだが，時の議長が議会の権威を盾にこれを拒否した史実に由来する。下院の王権に対する独立を誇示するデモ

ンストレーションというわけだ。また下院議長選出の際には、議長に選ばれた議員のもとへ同僚議員が来て、気の進まない顔をする彼の両脇を抱えるようにして議長席まで誘導するセレモニーが演じられる。国王権力が絶対の時代、国王に議会の決定を報告する下院議長は、決定に不満な国王に殺される可能性があった。そうした当時の議会と王権の緊張関係を伝えるセレモニーである。

　下院の議場は、中央の議長席を挟んで両サイドに与野党が相対峙する形で長椅子（ベンチ）が並べられている。与党は議長から向かって右、野党は左側に陣取る。長椅子にひな壇などは設けられず、大臣席が議員席を見下ろす日本の本会議場とはかなり異なる。座席の指定もないが、総理大臣以下の閣僚や政策決定に携わる者、野党側は「影の内閣」のメンバーが最前列に座るのでフロントベンチャー、新人議員は後方に座るのでバックベンチャーと呼ばれる。両サイドは3m程離れており、この距離で与野党の議員同士がディベイトを繰り広げるのである。

　● 政　　党

　イギリスで政党が誕生したのは、王政復古後の17世紀末である。国王チャールズ2世のカソリックへの傾斜が問題視され出した頃、次期国王の最有力候補の王弟ヨーク公がカソリック教徒と判明し、海軍長官の公職を追放された。そしてヨーク公を王位継承者から排除する王位継承排除法案が議会に提出されると、二つの勢力が同法案の賛否を争い、互いをトーリー、ホイッグと罵り合った。「トーリー」とは「アイルランドの追い剥ぎ」、「ホィッグ」は「スコットランドの裏切り者」だが、相手勢力が投げつけた悪口、罵倒の呼び名をともに自らの党名としたのだ。排除法案に反対の「トーリー」は国王大権を支持する旧王党派で、宗教的には英国教会（右派）に近く、賛成する「ホイッグ」は国王の権能を制限しようとする貴族・商工業者の支持を受け、新教徒など宗教の自由に寛大なグループであった。トーリー、ホイッグの時代（名望家政党）は150年ほど続き、その後、第2次選挙法改正（1867年）を機に党名をそれぞれ保守党、自由党と改め、大衆政党に脱皮した。自由、保守両党が交互に政権を担当する中で、ビクトリア時代に首相を務めたソールズベリーが「偉大な振り子の法則」と呼んだ二大政党制が確立していくのだ。

　20世紀に入ると、新たに労働党が誕生する。労働党の起源は1900年に結成さ

れた労働代表委員会という労働組合運動の政治部門で，1906年から労働党を名乗った。労働運動の激化を背景に勢力を伸ばし，それとは対照的に自由党が衰退していった。第2次世界大戦後，労働党が下院で絶対多数の議席を得て，結党以来初の単独政権を樹立。以後，保守，労働の二大政党が交互に戦後政治を担う。イギリスの政党は階級政党であり，資本家や上中流階級は保守党，労働者階級は労働党を支持した。

　労働党政権は社会福祉の向上に成果を残した反面，産業効率の低下を招き，過激な労組の影響力が高まった。党の左傾化，反EC化路線に反発した党内右派勢力は労働党から離脱して新たに社会民主党を結成（1981年），のちに自由党との連携，さらに合同により自由民主党が誕生する（1998年）。自由民主党は親欧政策や地方分権推進，それに選挙制度の見直し（比例代表制の導入）を主張する。現在の単純小選挙区制では，二大政党制になりやすいからだ。このほか少数政党として，EUからの離脱を主張する欧州懐疑主義のイギリス独立党（UKIP）や極右のイギリス国民党（議席持たず）がある。

　各党とも選挙が近づくと，重要公約，他党批判等を纏めた文書（マニフェスト）を発表する。候補者の人選や選挙区の決定では党中央の力が強い。有権者は候補者よりも政党・政策を選ぶ傾向が強く，各候補者は政策の集大成であるマニフェストを基に激しい論戦を展開する。党主導・政策中心の選挙で，地方利権がもたらす影響は小さい。日本のような2世議員はおらず，高級官僚が政界に転身する傾向もない。「決断と責任は政治家，遂行は官僚」と，それぞれの役割分担が確立しているからだ。選挙活動で戸別訪問が認められ，インターネットが積極的に活用される点も日本とは違う。

　全国政党とは別に，ローカル色の濃い地域政党も存在する。スコットランドの独立を主張するスコットランド国民党（Scottish National Party）はその代表格で，地元議会では労働党を抑え第1党の座を確保する等優勢を誇り，国会（ウェストミンスター議会）にも進出している。ウェールズにも，独立国ウェールズの建国を掲げるウェールズ民族党（The Party of Wales，プライドカムリ）が存在，こちらも国会に議席を保有している。両党とも1970年代から台頭し始めた。イングランドへの対抗心が地域政党を支える精神基盤となっているが，当時スコットランド，ウェールズとも産業革命以来の主産業である重工業の衰

退で失業者の増大という社会問題に直面した。独立によって経済の不振・停滞を打破しようとの訴えが，住民の心を掴んだ結果でもあった。

● 議院内閣制と政治主導の行政運営

絶対王制の時代，国王が主宰する統治執行機関として枢密院が存在したが，チャールズ2世は枢密院の構成員中，特に信頼に足るメンバーを私的な相談相手として非公式に集め，助言を得ていた。これが内閣（cabinet）の起源といわれるが，イギリス政治の大きな特徴は，行政の責任を負う内閣が議会の多数勢力によって組織される議院（政党）内閣制を採っていることにある。18世紀，英語ができないジョージ1世が閣議に出席しないため，蔵相のウォルポールが閣議を主宰するようになる（首相の誕生）が，のちに彼の率いるホイッグ党が選挙で敗れ議会の過半数を割ると，議会の信任を失ったと考えたウォルポールはジョージ2世の慰留にも拘らず内閣を去った。これが「内閣は議会の信任を受けて成立し，議会に責任を持つ」議院内閣制の始まりである。ウォルター・バジョットが『イギリス憲政論』（1867年）で指摘したように，イギリスはモンテスキューが説いたアメリカ的な三権分立ではなく，立法権と執行権の融合によって政治運営の妙を発揮させる仕組みを採っているのだ。

我が国も明治以来議院内閣制を採り入れてきたが，運用の実態はイギリスとは相当に異なる。日本の場合，政治家たる大臣の下で行政権を実際に執行する官僚の力が非常に強く，政治が行政を掌握，コントロールできにくい構造になっている。行政府のトップたる大臣職には政治家が就くが，巨大な官僚機構の中の極く少数に過ぎず，しかも在任期間が短いのでよそ者扱いされ，行政の機微に触れることなく官僚の敷いたレールの上を官僚の振り付け通りに歩くだけの存在になってしまう。これに対しイギリスでは，閣僚大臣だけでなく，閣外大臣や（閣議に出席できない）副大臣，大臣補佐官等政治的任用の役職が多数設けられ（2005年時点で165），かなりの数の与党政治家が議員であると同時に行政府の公職にも就く。任期も長い。彼らが行政各部を政治指導し，政治と行政の認識の一致が図られる。野党も「影の内閣」を組織する。政権交代に備えた疑似内閣で，党首が影の首相，分野毎の責任者が影の閣僚となり，それぞれの分野で政権政党の政策を批判し代替案を提示する。

日本では政治から半ば自立した官僚機構が，自分たちの属す機構内部の調整

（行政部内調整）に当たると同時に，与党に対する根回しや調整にも追われる。行政各部は互いに対等な関係にあるため調整には長い時間が必要で，利害が重なる省庁間の調整では曖昧玉虫色の決着となりやすい。しかも官僚がイニシアティブを取る格好で与党との調整を進めるから，政治は官僚の案を追認しがちで，時に行政に通じていない政治家のエゴ，圧力で政策がねじ曲げられることも多い。これに対しイギリスでは，与党政治家の多くが行政府の役職に就いており，各省，内閣で合意すれば，それは与党の了解を取ったことにもなる。閣議決定が与党の意志決定とも重なり合うことで，迅速な決定が可能となるのだ。官僚は自省に属す与党議員以外の国家議員とは接触しない。山口二郎氏が指摘されるように，日本とイギリスの仕組みを比べれば，政治責任の明確化，意志決定の迅速化等いずれの面でもイギリスの方が優れていることを認めねばならない。[1]

2　国際関係と外交政策・国防

●外交：勢力均衡政策の伝統

　近世以来，イギリスの外交政策は勢力均衡の原則をその基本としてきた。如何なる国とも恒久固定的な同盟関係に立たず，平時は大陸情勢から超然としつつも（名誉ある孤立），ひとたび覇を唱える強国がヨーロッパ大陸に出現し，英本土にもその脅威が迫る恐れが生じた場合には，他の大陸諸国と連携して覇権国家に対抗しその影響力拡大を抑え，イギリスへの圧迫を回避するのがこの国の伝統的な外交手法であった。日本外交のように，覇権国家と同盟関係を築いて自らの安全と権益を獲得するバンドワゴンではなく，逆にそうした大国とライバル関係に立つ国に接近し，ヨーロッパのパワーバランスを拮抗させることで自国の安全保障を確保し，またその存在感を高めんとするアプローチである。

　17〜18世紀，ブルボンとハプスブルクが大陸における覇を競った際，イギリスはその間に介在し，両者を競わせ大陸を支配する覇権国家の出現を阻止するとともに，大陸からの脅威不在と諸国間の牽制拮抗の隙に乗じて，自らは海外に進出し植民地支配を確立した。仏革命期には対仏大同盟を主導し，革命思想とナポレオンの覇権獲得を阻んだ。さらに第1次大戦後は，フランスを牽制す

べくドイツの復興を助け，あるいは共産主義拡大を防ぐ目的でドイツの膨張行為も黙認した。これがナチスの台頭に手を貸す結果にもなったのだが，大国が登場すれば昨日の敵も今日には味方となり，味方の国が台頭し始めれば明日には再び敵対する柔軟な外交政策を展開するイギリスには，「永遠の敵も味方もなく，ただ存在するのは自らの国益だけ」(パーマストンの言葉)であった。

● 特別関係と米欧の架け橋

もっとも19世紀末のドイツの台頭が転機となり，イギリスも20世紀に入ると日英同盟や三国協商の締結を余儀なくされ，外交上のフリーハンドは制約を受ける。戦争には勝つが2度の世界大戦で国力は疲弊し，さらに戦後は多くの植民地を喪失し，覇権国家の地位を完全にアメリカに譲り渡したイギリスは，冷戦下，NATOの一員として西欧防衛体制に加わるとともに，「特別関係(special relationship)」と呼ばれるアメリカとの協調関係を外交の基本に据えた。欧州大戦に2度もアメリカを引き込み，その圧倒的な軍事力でドイツの野望を挫かせたのは自らの功績とイギリスは自負している。NATOの枠組みを立ち上げ，欧州防衛にアメリカを招き容れたのもイギリスの役割が大きかった。特別関係を活かし，アメリカをヨーロッパ問題にコミットさせ，また時に対立しがちな米欧の橋渡し役をも任じることで，自らの存在感や影響力を維持しようとするアプローチである(「招待による帝国」)。

英米という新旧覇権国家の関係を，古代におけるギリシャとローマに喩えるイギリス人も多い。他を圧するアメリカの巨大なパワーと，豊富な外交経験から生まれるイギリスの叡智が重なり合うことで，これからも国際政治をリードし続けることができるという発想だ。

● 国家統合への懐疑：イギリスとヨーロッパ

対米関係を重視する一方で，イギリスには欧州統合の推進役としての役割も期待されている。だがこの国には従来から大陸諸国と一線を画そうとする傾向が強く，今日でもフランスに対する対抗心や対独警戒心は相当に根強い。ヨーロッパの辺境国家として，イギリスには文化先進地域であるヨーロッパへの畏敬・憧憬の念とともに，大陸に対する強いコンプレックスもあった。パリやローマに対する引け目が，自らの独自性に拘る意識や大陸への対抗心を育んできたのだ。さらに度重なる大陸からの侵略の歴史は，大陸への警戒・敵対心も産

み出した。この複雑な感情が、自らと大陸諸国を区別し、一体視することを拒絶しようとする感覚を産み落としたといえる。大陸から孤高を保ち、「イギリスは大陸とは違う」、「イギリスは大陸と対等か、それ以上」の存在だという発想である。

昔、英仏海峡に濃霧が発生し、フェリーも飛行機も完全に止まってしまった時、『タイムズ』紙は「欧州大陸は孤立した（Fog in Channel, Continent Cut Off）」とのジョーク混じりの大見出しを掲げたことがある。この英文は「海峡の濃霧によってイギリスが大陸から孤立した」のではなく、「海峡の濃霧で大陸がイギリスから孤立させられた」と訳さねばならない。イギリスの対欧、対EU政策を知るには、イギリスが大陸から切り離されるのではなく、大陸がイギリスから切り離されるというイギリス人の発想を知らねばならない。米欧の"橋渡し役"という言葉からも窺えるように、英国及び英国民は自らをヨーロッパの一員と見なしておらず、あくまで「ヨーロッパとイギリス」という並立的な捉え方をする。そして、「欧州に位置していても、欧州には支配されない（In Europe, Not run by Europe）」の標語がポピュラーな国柄なのである。

発足当初EECには加わらず、敢えて独自のEFTAを創設してEECに対抗した。その後、スエズ撤退以後の相対的地位の低下と経済低迷への危機感から、1970年代にはEEC加盟を果たしたものの、英国内の加盟反対論は根強く、ウィルソン政権は75年に加盟の是非を問う異例の国民投票を行わねばならなかった。サッチャー政権はヨーロッパ単一市場には参加したが、国家主権・通貨主権の保持を主張し続け、共通通貨や「社会憲章」の導入に抵抗し、共通農業政策のイギリスへの重負担を批判し続けた。メージャーもマーストリヒト条約締結交渉の中で、通貨同盟参加の義務を負わない旨の条項（オプトアウト）を条約に付記させた。1999年1月、欧州単一通貨ユーロが導入され、当時のEU加盟国15か国のうち仏独伊等11か国がこれに加わる中、イギリスは参加を見送った。現在もユーロには加わらず、欧州統合の動きと歩調を重ねない傾向が強い。

こうした姿勢は、イギリス外交の伝統である勢力均衡政策とも深く関わっている。サッチャー政権がドイツの再統一に反対したのは、バランスオブパワーの発想が今もイギリス政治に生きづいていることを物語っている。国家の枠を越えた統合や地域協力が不可避となった今日、勢力均衡の政策は欧州協力を遂

行する上で相応しいものとはいえまい。だがこの国の伝統ゆえに，覇権大国の座を失ったからといって，大陸諸国との緊密一体化には躊躇するものがあり，ライバルであるフランスの風下に立ちたくないとの思いも働いている。そのフランスが主導権を発揮しているから，欧州統合の事業にも二の足を踏むのだ。経済の不振には勝てず，イギリスもEECへの加盟に踏み切るが，80年代半ば以降，予想外に早まった統合の進展に対して当時のサッチャー首相は消極姿勢を取り続けた。

　いま一つ，この国が欧州統合に背を向けがちとなる背景には，連邦制への懐疑と国家主権への強い拘り，それに自由主義重視の思想がある。通貨発行の権限は国家主権に属するものであり，それを放棄して国際機関に譲り渡すことは，超国家的な枠組みによって国家主権が制約されることであり，そのような通貨統合は政治統合への一里塚になることを警戒するのだ。EU官僚の手によってイギリスの主権や行動の自由が踏みにじられることがあってはならないという意識である。チャーチルが欧州合衆国の構想を掲げながら，超国家機構の創設に消極的なイギリスはECSCに参加しなかった。サッチャーも一貫して国家主権尊重の姿勢を前面に押し出し，政治的統合どころか通貨統合にも強く反対し，EC加盟諸国との溝は深まった。

　ブレア政権はこうした保守党の姿勢を修正し，親欧路線を打ち出そうとした。だがイラク戦争では，攻撃に反対する独仏等欧州諸国と一線を画し，ブッシュ・ジュニア政権を強く支持し，かつ行動を共にした。ブレア後も，国内抵抗世論への配慮から，統合に向けた舵取りは極めて鈍い。2010年5月に誕生したキャメロン政権も，主権移譲には国民投票を必須とすることや，ユーロには加盟せずポンドを使い続ける方針を示している。ポンドの放棄は国家主権の喪失に繋がり，EUの機能強化は統一ドイツの影響力をさらに高めるとの警戒心が依然国内に強いからだ。2011年には，加盟各国の財政規律の強化等を目的に仏独が進めるEU基本条約の改正提案に，イギリスだけが反対に回った。イギリスの考えるEUの将来像と，仏独のそれは大きく異なる。仏独が欧州統合をさらに進め，最終的には連邦制の構築も視野に入れるのに対し，超国家の出現をあくまで否定し，外交安保，財政，社会政策等の決定に際して拒否権の維持に拘り，統合の進展に距離を置こうとするのがイギリス流だ。欧州憲法条約の草

案審議の過程でもこうした認識の差異が表面化したし、ギリシャ、ポルトガル等の債務危機がユーロ経済圏に大きな打撃を与えた際には、ユーロ参加を見送ったイギリスの判断の正しさが立証されたとの論調も目立った。

その後、2016年6月の国民投票で、イギリスはEUからの離脱を決めた。増え続ける移民や、統合の深化によってEUの権限が拡大され、国家の主権が制限されることへの不満が背景にあった。メイ政権によるEUとの離脱交渉は難航したが、ジョンソン政権の下で2020年1月、EUから正式に脱退し、EUの前身である欧州共同体（EC）から47年間にわたる加盟国の地位に幕を下ろした。しかし、この選択が果たして正しかったかどうか、今も論争は続いている。たんにEUから離脱しただけでは、イギリスの発言力は向上しない。アメリカとの特別関係に頼り、あるいは独仏を牽制する従来の手法にも限界がある。欧米の仲介役としての役割を担いつつも、ただ大陸から背を向けるのではなく、イギリスに相応しい地域協力のあり方が模索されるべきだ。21世紀イギリス外交に課せられた大きな課題である。

● 軍隊と国防体制

イギリスの軍隊は陸・海・空の3軍と海兵隊からなるが、海洋国家として発展した歴史的経緯から海軍のステイタスが最も高く、呼称の順序は陸海軍ではなく海陸軍である。陸軍は単に British Army だが、海軍は Royal Navy と呼ばれる。王族の入隊先も海軍であることが多い。ウィリアム王子は空軍の救難ヘリのパイロットとして勤務したが、例えばエリザベス女王の夫君フィリップ殿下、チャールズ皇太子、弟のアンドリュー王子はいずれも海軍士官の軍歴を持っている。

英国軍は志願制で、総兵員数は約18万人（別に予備兵力が8万人）。うち陸軍は約10万人。海軍は約79万トン、艦艇235隻（空母2、駆逐艦等24、潜水艦（全て原潜）12）、空軍は作戦機約370、海兵隊は約6800人。核戦力としては、SLBM（トライデント D-5）搭載の原潜3隻を保有している。兵力規模はさほどでもないが、ユーゴ紛争やキプロス、アフガニスタン、イラクなど海外に積極的に兵員を展開させている。NATO軍の一員として、あるいは米国との連合作戦の中での展開が基本となっており、イギリス単独での作戦行動は近年では1982年のフォークランド紛争のみである。財政危機の関係で2010年から国防改革見直

し (Defence Reform Review) を実施中で，兵力の削減効率化を実施に取り組んでおり，空母の廃棄や予備兵力の削減が予定されている。

● 情報大国：スマートパワーの本家

現代の国際関係においては，軍事力のようなハードパワーの有効性が低下し，経済や社会システム等ソフトパワーの重要性が高まったと指摘されることが多い。しかし，ソフトパワーがハードパワーの機能を全て代替できるわけではない。大切なことは，自国の持つハード・ソフト両面の力を巧みに組み合わせて，持てるパワーを最大限発揮することによって国益を達成する政治の術と知恵，つまりスマートパワーの獲得にある。そして昔からイギリスはこの面での力の行使に長けていた。小さい島国でありながら何世紀にもわたり覇権を維持しえたのは，限りある国力の諸要素を巧みに活用する政治の術に通じていたからにほかならない。

イギリスがスマートパワーを発揮した代表例の一つは，植民地支配に見せた巧みな統治の術である。勢力均衡の伝統は植民地統治においては分断統治の術として発達した。異民族間の対立と反発，あるいは同じ民族の中の階級差（下層階級の弾圧と，エリート層の抱き込み）を利用し，反対勢力の拡大結集を防いだのである。また民族多元的な国内環境に基因する異文化寛容の姿勢や，限られた囲地と番犬監視の下で家畜に行動の自由を許す長年の牧羊体験が「自治」という統治手法の発達を促した。自らの支配が揺るがぬ範囲内で被支配民族に相当程度の自由を与え，統治コストの抑制と植民地社会の安定を可能にしたのだ。

今一つ，情報の重視とその活用もこの国の伝統である。固定的な同盟関係に安住せず，敵と味方を乗り換える柔軟な外交政策を展開するには，複雑で変化の激しい国際関係を適切に見極めねばならない。そのためには国際情勢や諸外国の動向に対する高い情報収集力が必要となる。廃位された父王の後即位したエドワード3世や，バラ戦争の最中，前王を敗死させ戦場で即位したヘンリー7世，それにカソリック信徒が画策する政府転覆や暗殺計画を摘発したエリザベス1世等いずれも政権掌握に最大限情報を利用している。17世紀にはクロムウェルによって情報部が創設されたが，これが特定の政権，指導者への奉仕ではなく国益獲得のための情報機関として発展する。情報の収集には，『ロビンソン・クルーソー』の作家ダニエル・デフォーやボーイスカウトを創始したベ

ーデン・パウエル、さらにはサマセット・モームら著名な文化人も関わっていた。

19世紀末、ドイツの脅威が高まると、秘密情報部（Secret Service Bureau）が創設され（1909年）、その内部は国内情報部と対外情報部に区分された。前者は後に MI 5 Military Intelligence Section, Section 5、正式には Security Service）となり、後者は MI 6（Military Intelligence Section 6、正式には SIS：Secret Intelligence Service）へ発展する。情報収集の一環に相手国の暗号解読作業があるが、第1次大戦では海軍に設けられた暗号解読部局 Room40（40号室）が中心となってドイツの暗号解析に当たり、その成果がアメリカの参戦を促した（ツィンマーマン電報事件）。第2次大戦でも、ロンドン郊外ブレッチリー・パークの暗号学校が当時解読不可能といわれたドイツのエニグマ暗号の解読に成功し、これが戦局の帰趨に大きな影響を与えた。ブレッチリー・パークの活動は戦後、政府通信本部（GCHQ）へ引き継がれ、GCHQ は世界規模の通信傍受網エシュロンの立ち上げと運営に与っている。

情報の収集・分析・評価を行うインテリジェンス（諜報）活動は、偽情報の発信や妨害工作、さらにテロや暗殺といった非公然活動と一体的に運営されることが多い。公然たる軍事・外交活動と並行して情報機関や特殊部隊が行う非合法非公然活動は、イギリスの安全保障や対外政策の遂行に大きな役割を果たしてきた。2011年に起きた中東の民主革命でも、イギリスの情報機関や特殊部隊が反政府勢力と連携して行った工作活動が独裁政権打倒に重要な役割を果たした。大規模な部隊の展開や公開外交に比べて安価かつ柔軟な作戦が可能な秘密活動は、限られた国力の中で最大限の成果が期待できるイギリスが最も得意とする影響力行使の手段である。

3　メディア

● 新聞・雑誌

イギリスは階級社会であるため、新聞のステイタスや論調、それに講読層も階級と連動している。日刊紙という範疇で一括りにできる日本とは事情が異なるのだ。一般に新聞は、上流階級やアッパーミドルクラスが読む高級紙（quality）と労働者階級を読者層とする大衆紙（tabloid）に分けられる。高級紙には，『タイムズ』，『デイリーテレグラフ』，『インディペンデント』，『ガーディアン』，『ファイナンシャルタイムズ』等が含まれる。不偏不党中立が旨の日本の新聞と違い，イギリスの新聞は論調に差があり，党派的支持も明らかにしている。『タイムズ』『デイリーテレグラフ』は保守系で保守党支持，『インディペンデント』は中道で自由民主党に近く，左派系リベラルの『ガーディアン』は労働党支持といわれる。『ファイナンシャルタイムズ』は経済問題に特化した中道系で，『日経新聞』に近い。

　高級紙の中で最も権威ある新聞，イギリスを代表する一流紙とされてきたのが『タイムズ』である。しかし1980年代初めにオーストラリア出身の新聞王ルパート・マードックが率いるニューズインターナショナルグループの手に移ると，懸賞記事の登場等販売部数の拡大を目的に同紙の大衆化路線が進められた。またマードックは1997年の総選挙で労働党のブレア支持を打ち出し，それまでの『タイムズ』の立場を変化させた。こうした彼の方針が上・中流階級の反発を招き，この層を対象に1986年に発刊された『インディペンデント』に読者が取られるようになった。特に上・中流階級の若い世代は『インディペンデント』に高い支持を与えている。

高級紙の発行部数　　2007年3月 ABC調べ

The Times	64万部
The Guardian	37万部
The Independent	25万部
Financial Times	46万部
Daily Telegraph	90万部

出口保夫他編『21世紀イギリス文化を知る事典』（東京書籍，2009年）320頁。

　高級紙は日曜には発刊されず，日曜日だけの高級紙（日曜紙）が存在する。『サンデータイムズ』『サンデーテレグラフ』『インディペンデントオンサンデー』『オブザーバー』等で，いずれも非常に分厚く，文化や社交，観光，読書案内などを盛り込んだ多様な紙面作りをしている。性格上，日刊紙より記事は

柔らかく、ネッシー問題等を取り上げることもある。ユーモアを交えた記事であるが、日曜紙なるものが理解できず、「一流紙がネッシーを取り上げた」と、日本のメディアがロンドン発の大事件と一斉に報じたこともある。また各紙とも朝刊だけで夕刊はなく、夕刊専門紙には『イブニングスタンダード』等がある。

一方、タブロイドと呼ばれる大衆紙には、『サン』『デイリーメール』『デイリーエクスプレス』『デイリースター』『トゥデイ』、『デイリーミラー』等がある（『デイリーメール』『デイリーエクスプレス』は高級紙とタブロイドの中間で、一般紙（popular）と呼ばれることもある）。タブロイドしか読まない人たちは下層階級と見なされている。タブロイドは王室や有名人のゴシップ、スキャンダルが主体で、センセーショナルな記事の信憑性は低い。特に『サン』や『デイリースター』は、女性のヌードを毎日掲載しており、『サン』の場合、3面にヌードを全面掲載するのが常態化し、「ページスリー」といえば低劣なヌード写真の隠語になった。エロ・グロに加えて排外主義やレイシズムを煽り、上流階級を叩いたり揶揄する記事も多い大衆紙は、下層階級の社会に対する不満の捌け口になっている。

イギリスの新聞は、駅や街中の売店（ニュースエージェント）、スーパーマーケット等での店頭販売が中心だが、最寄りのニュースエージェントや雑貨店等に申し込めば、配達料が少し加算されるが自宅まで配達してくれる。しかし日本のような宅配システムが基本ではないため、日々の販売部数確保が至上命題となる。特に大衆紙は「売らんかな」の営業優先の編集方針に傾きがちで、話題になりそうなニュースやスキャンダル記事を仲介者やライターから高額な金で買い取る「チェック（小切手）ジャーナリズム」が横行している。ヌードで売る『サン』は320万部と全英紙中トップの部数を誇り、次いで『デイリーメール』が230万部、『デイリーミラー』が140万部と大衆紙は高級紙に比べて桁違いに多く読まれている。多くの国民が質の高い高級紙を避け、低俗な大衆紙しか読まない実態は、健全な世論の形成や政治の質向上を図る上で問題が多い。

2011年には、マードック傘下の日曜大衆紙『ニューズオブザワールド』が政治家や芸能人、犯罪被害者等4000人に対し組織的長期的な盗聴を行っていた事実が発覚した。また警察官への贈賄疑惑も浮上、さらに逮捕された同紙の元編

集長がキャメロン首相の報道官であったため，メディアと政治の癒着も糾弾され，国を揺るがす政治問題へと発展した。結局，同紙は廃刊に追い込まれたが，改めて大衆紙のあり方が問われる事件であった。販売競争に関していえば，最近この国で生まれた無料新聞（フリーペーパー，『メトロ』や『ロンドンライト』等）が大幅に部数を伸ばしており，一般紙の読者離れを加速させる一因となっている。ロンドンに向かう朝の通勤電車の車内には，読み捨てられたフリーペーパーが山のように散乱している。

　雑誌では，『タイム』や『ニューズウィーク』『エコノミスト』のような高級誌のほか，『イラストレイテッドロンドンニュース』や『パンチ』『タイムアウト』等の大衆誌が，女性向けでは『レディ』『ウーマンズオウン』等がポピュラーだ。『朝日』や『日経』，『読売』等日本の新聞が国際衛星版として現地で印刷，販売されている。これを講読すれば（時差の関係で）日本よりも早い時間にその日の朝刊を読むことができる。

● 放　　送

　イギリスを代表する放送局といえば，BBC である。BBC（英国放送協会：British Broadcasting Corporation）は，1922年にラジオ受信機のメーカー数社が出資して立ち上げた民間ラジオ放送局の BBC（British Broadcasting Company）を前身とする。ラジオ販売台数に応じた各社の拠金と聴取者の受信料で運営を賄うという仕組みであった。1927年には国王の勅許状を得て，独立性の高い Corporation（協会）組織に改められ，現在に至っている。勅許では放送の独立性が認められており，BBC 自身が適切と判断した情報を放送する権利が与えられている。1924年，ロンドン郊外ウェンブリーで大英博覧会が開かれ，国王ジョージ5世の開会宣言がラジオで中継された。1000万の国民が国王の生の声を初めて耳にした瞬間であった。国王が大方の大臣よりも「天性優れた放送人」だったことを証明する放送であったといわれる[2]。

　1932年には英本国と海外の植民地を結ぶエンパイアサービスと呼ばれる BBC の海外放送が始まり，この年のクリスマスには国王ジョージ5世のクリスマスメッセージが国内と海外に同時に放送された。戦後，エクスターナルサービスと改称され，90年代以降は BBC ワールドサービスと呼ばれている。1936年には世界初のテレビ放送を開始するが，第2次世界大戦で中断された。

戦争中、チャーチルはBBCから国民を鼓舞激励するスピーチを行い、またパリからロンドンに亡命したドゴール将軍はBBC放送でフランス国民に対独レジスタンスを訴えた。1940年10月にはBBCに爆弾が落ち、7人の局員が死亡した。この時ニュースを放送中だったが、アナウンサーは爆弾が炸裂しても原稿を読み続けた。英国民に戦局に関する情報を提供し続け、不屈の抗戦意志を生み出す力ともなったBBCだが、メディアに対する統制と戦争協力を求めるチャーチルによって国営化も取り沙汰された。
　戦争が終わり、1946年にはテレビ放送も再開された。1953年、ウェストミンスター寺院でエリザベス2世の戴冠式が行われ、BBCがテレビで生中継した。これを機にテレビ受像器は爆発的な売れ行きを見せ、テレビの普及が一挙に進んだ。1964年にはBBC2（文化教養番組主体）を設立、その後、多チャンネルデジタル化を推進し、ニュース専門や議会の中継、児童・幼児番組専門チャンネル等も加わり、現在ではBBC1、BBC2をはじめ八つのテレビチャンネルを擁し、ラジオも多チャンネル化が進んでいる。さらに短波とインターネットによる海外向け放送（BBCワールドサービス）を実施しており、世界で2億4100万人が利用している。
　ただ、従来は英語以外に常時40言語以上の海外放送を実施していたが、経費削減の影響で現在では32言語に減り、1943年に始められた日本語放送も91年末には終了した。2008年にはアラビア語、09年にペルシャ語の衛星テレビ放送を始めるなど近年は南西アジアや中東向け放送に力を入れる一方、2011年にはセルビア語等5言語では全サービスを廃止するとともに、ネット配信に重点を置くことを理由として、ロシア語、中国語等7言語についてはラジオ放送を打ち切る削減策が発表された。ワールドサービスの年間経費は2億7200万ポンド（約356億円）だが、これは英国政府（外務省）の交付金で賄われている。財政危機に陥っているイギリスの現状からやむをえぬ措置ともいえるが、BBC本体も2014年までに650人の職員をリストラする方針を表明しており、国際的な地位の低下が懸念されている。このほか100％出資の子会社BBCワールドリミテッドが担当する海外向けテレビニュース放送（BBCワールドニュース）は、1日24時間英語で世界中にニュースや報道番組を放送し、アメリカのCNNと国際報道で凌ぎを削っている。

BBCの経営は国民が支払う受信料で成り立っている。一世帯当たり年間131ポンド50ペンスで，受信料納入は税金と同様，国民の義務とされ，支払わなければ罰金が科せられる。受信料収入を基に権力から独立した公共放送であるBBCは，公正中立で客観的な立場を堅持することを基本方針としている。「国家，党派，個人の利益から独立し，番組は如何なる政治的，商業的，個人的利益にも影響されない」旨が編集ガイドラインに明記されている[3]。「中立で客観的」とは，立場により異なる様々な意見を広く紹介するが，自らのスタンスについては深く立ち入らず，判断を視聴者・聴取者に委ねるということではない。日本のNHKはそのような方針を採っているが，BBCは自らが真実，重要であると考えた場合は，時に政府の方針と抵触することになってもあくまで報道を行い，権力に屈しない姿勢を重視している。それゆえ，戦後に入ってもスエズ動乱では再び国有化の危機が迫り，1980年代にはBBC嫌いで有名なサッチャー首相によって民営化されかかったこともある。1982年のフォークランド紛争の際，英国軍を「我が軍」と呼ばず，敢えて「英軍」と呼んで客観的な立場で報じたBBCの報道姿勢に時の首相サッチャーが激怒し，BBC経営委員長が国会で査問された事件は有名だ。権力に阿ることのない報道姿勢ばかりでなく，全世界に伸びた高い情報収集力や取材能力，それに保有する豊富なデータは，英国民だけでなく世界の企業や外国政府からも極めて重要視されている。

　公共放送のBBC1，2に次いで，1955年には初の民間商業テレビ放送ITV (Independent Television)（チャンネル3）が開局した。1982年には，エスニックマイノリティへの公共サービス拡大を目的に民放2番目のチャンネル4が開局する。97年には最も新しい民放局チャンネル5が誕生し，合計5チャンネルが全国放送を実施している。衛星・ケーブルテレビでは，マードックが実権を握るB Sky B (British Sky Broadcasting) がある。彼が興したスカイテレビジョンが1990年に英国衛星放送（BSB）を吸収して立ち上げたもので，イングランド・プレミアリーグなどの放映権を独占し，加入者1000万人を誇るイギリス最大の有料放送局だ。このほかITV2，3，4といった衛星・ケーブルテレビ放送も相次いで設立されている。

4　王室とイギリス社会

● 立憲君主制：権力と権威の分立

　いうまでもなくイギリスは立憲君主国家である。1066年のウィリアム1世によるノルマン朝創設が英王室の起源とされる。近世に入りチューダー朝の下で国王の権限は強化されるが，17世紀クロムウェルのピューリタン革命で一旦王政は廃された。程無く王政は復古するが，名誉革命で「国王は君臨すれども統治せず議会の下にある」現在の政治構造となった。現在のエリザベス2世はウィリアム1世から数えて40代目の君主である。

　国王は象徴的な存在だが，種々の国王大権（Royal Prerogatives）を持っている。まず国軍の最高司令官であり，首相を任命し，議会を解散する。毎年秋の新議会開催時には，今後1年間の政府の方針を勅語として読み上げる（女王演説）し，議会で成立した法律には国王の署名が必要だ。各国大使の信任状を受け取り，諸外国の国家・政府の承認，条約の締結，勲章の授与等の国務も行う。いずれも形式儀礼的な権限だが，権威の保持者としての立場から，国王が国政に一定の影響力を行使することもある。第1次大戦下，ロイド・ジョージ内閣の誕生に関しジョージ5世が，第2次大戦ではチャーチルの挙国一致内閣発足でジョージ6世が影響力を行使した。戦後もエリザベス2世が，スエズ動乱の責任を取って辞任したイーデン首相の後任にマクミランを擁立する過程で，またそのマクミラン辞任の際には外相のヒュームを後継者に指名するなど，国家有事やいずれの政党も議会で過半数を得られないハングパーラメントの場合には，国王が例外的に実質的な政治権力を振るってきた。

　19世紀の政治学者で『イギリス憲政論』を著しウォルター・バジョットは，国王の政治的役割として「相談を受け，励まし，警告する」ことを挙げた。時としてこの三つが国を救う伝家の宝刀となるのである。そのため，エリザベス2世も，毎週1回首相から国内情勢や政治の動向について報告を受けられ，また各省庁からの報告にも目を通されている。このほか，国王は英連邦の盟主であり，英国教会の首長でもある。なお，王冠（Imperial State Crown），王剣（Sword of State），それに王帽（Cap of Maintenance）が王権を表す神器とされ，

議会開会式の際、女王は王冠を被り、侍従が王権と王帽を捧げ持って議場に向かう。

● **高い国際性**

　日本の皇室との違いから英王室の特徴を述べると、まずその強い国際性が指摘できる。日本の天皇制は万世一系で、その継続性と血の純潔を誇るが、英王室は国際性の高さが特徴だ。現在の王室はウィンザー家を名乗るが、元はハノーヴァー家で、その開祖はドイツ人だ。1714年にアン女王が死去すると、ドイツのハノーヴァー選帝侯の長男ゲオルグが英国風にジョージ1世と名を変え、国王に即位したのが起源である。その後、ヴィクトリア女王の夫君アルバート殿下の出身家名であるドイツのサクス・コバーグ・ゴータ家を名乗ったが、第1次大戦が始まりドイツと戦うようになったため、1917年にウィンザー家と改められた。アルバート殿下は結婚当時あまり英語が巧くなかったといわれる。

　ヴィクトリア女王は9人の子供をヨーロッパ各国の王室と結婚させ、密接な血縁関係を築いた。ドイツの君主ウィルヘルムやロシア革命で殺害されたニコライ2世、アレキサンドラ皇后は皆ヴィクトリア女王の孫に当たった。現女王エリザベス2世の父君ジョージ6世の母はドイツ系王女メアリー・フォンテックで、女王の夫君フィリップ殿下（エディンバラ公）はギリシャ王室の王子だが、その出自はドイツのバッテンブルク家だ（フィリップ殿下の伯父にテロで殺害されたマウントバッテン伯爵がいたが、これはドイツ語の「ブルク」（山）をマウントと英語読みしてマウントバッテンと名乗ったもの）。王室とはいえ、一族の婚姻に当たって海外から人を迎えることに何のためらいもない。ダイアナ元皇太子妃は18世紀以降、初のイギリス人出身の皇太子妃だったというから驚かされる。臣下から皇太子妃を迎えにくい事情もあるが、外国王室との国際結婚は英王室に高い国際性をもたらしている。なお現在の家名ウィンザーは、チャールズ皇太子が王位に就く際、父君フィリップ殿下の旧姓を加えマウントバッテン・ウィンザー家に改称されることが決まっている。

● **一般大衆との距離の近さ**

　特徴の第2は、王室と庶民・大衆との距離が非常に近いということだ。イギリスの人たちは、国王も王室も自分たちと同じ人間という意識で眺め、またそれゆえに深い敬意を払うのだ。「過去の某国王は女好きだった」、「国王○○は

離婚を何度も重ねた」、「国王○○は多くの家臣の首をはねた」等々ゴシップの類に属す話題さえ学校で教えられ、テレビの子供向け番組でも取り上げられる。BBC の幼児向け番組を見ていたら、「トイレの中で亡くなった国王は誰か」というクイズを子供に出すのを見て驚いたことがある。昔の日本なら不敬罪に問われかねないが、これは決して王室への侮辱でも軽視でもなく、逆に親しみを込めた扱いなのだ。我々庶民と同様に欠点も間違いも犯す人間臭い存在だからこそ、イギリス人の代表たりうるという感覚である。王室のスキャンダルが話題になるのも、「王室でありながら」の怒りの情に由来するものばかりではない。高貴だが身近な存在でもあるから、井戸端会議のネタになる。庶民の憧れと理想の存在であるスターが、一方でゴシップ記事の餌食になるのと同じ原理だ。

そしてスター同様に王室は次々と話題を週刊誌に提供している。近年でも、チャールズ皇太子は人妻カミラと不倫、ダイアナ元皇太子妃も昔の恋人との不倫関係が発覚し、恋人との自動車電話での囁き合いが録音されて話題となった。皇太子の弟アンドリュー王子もセーラ妃の不倫が原因で離婚、ヘンリー王子と妻でアフリカ系の血を引くメーガン妃は公務引退を表明したり、人種差別を受けたなどと王室批判を繰り返す等英王室のスキャンダルは後を絶たない。しかし、これは英王室の伝統のようなもので、今に始まったことではない。数多い愛と不倫の史話を幾つか紹介しよう。

● **不倫とスキャンダルの王室史話**

<ヘンリー8世と6人の王妃>

イギリス絶対王制の象徴であるヘンリー8世には、6人もの王妃がいた。最初の妃は兄アーサーの寡婦、スペインから嫁いだキャサリン・オブ・アラゴンである。彼女の母は世界最強国スペインのイザベラ女王、父はフェルディナンド王である。ヘンリー8世より6歳年上の彼女は8人の子供を生んだが、第6子のメアリー（のちのメアリー1世）以外はすべて夭折し、男の世継ぎを欲した国王は、王妃の侍女アン・ブーリンを寵愛するようになる。アン・ブーリンは美人ではないが、黒い瞳の才気煥発な女性で、フランス帰りの垢抜けした身のこなしも魅力的だった。彼女は王の求婚も、また愛人になることも拒絶し、度重なる王のアプローチから逃れてヒーバー城に逃げ帰った。逃げられれば追い

たくなるのが人情で、ヘンリーは彼女を慕いヒーバー城まで押しかける始末。熱意に絆されるのか遂にアンも国王の離婚問題が解決したら王妃になることに同意する。1533年、ヘンリー8世は大司教にキャサリンとの結婚を無効とする裁定を出させ、アンとの結婚を正式なものと認めさせた。しかしカソリックは離婚を認めておらず、ローマ教皇はアンとの結婚を認めず彼を破門とした。そこでヘンリー8世はカソリックからの分離を決め、新たに英国教会を立ち上げ、教皇に代わり自らが首長となる。アンはグリニッジ宮殿でエリザベス（のちのエリザベス1世）を生むが、その後流産と死産を繰り返し、男子を生まぬ彼女への興味を失った王は、姦通の罪を着せてアン・ブーリンを処刑する（1536年）。

アンがロンドン塔で斬首された時、ヘンリーの関心は既に新しい恋人ジョーン・シーモアに移っていた。彼女はキャサリンとアンに仕えていた女官で、アンとは対照的に控えめな女性であった。そして待望の王子エドワードを出産し王を驚喜させたが、産褥熱でまもなく死去。1年5か月の結婚生活であった。ヘンリーの落胆は大きく、自分が死んだらシーモアと一緒に埋めてほしいと言い残した。遺言の通り、今もウィンザー城のセントジョージズチャペルの地下安置所に、二人は眠っている。

ところで、教皇と対立し、またスペインから嫁いだ王妃を離婚したことで、イギリスはヨーロッパのカソリック勢力から孤立状態にあった。新たな王妃を大陸から迎え国際関係を改善すべく、ドイツからアン・オブ・クレーブスが新たな王妃としてロンドンに着いた。しかし、本人を前にしてヘンリーは落胆する。事前に肖像画で確認していた美貌とあまりに違ったからである。しかも英語が話せない。ヘンリーは彼女に多大な財産を与え、事実上の別居状態に入るが、王の傍には既に新たな愛人キャサリン・ハワードが控えていた。もっとも、キャサリンは文盲で、ダンスとファッション以外には関心を示さず、またそれまでの奔放な異性関係を侍従や女官らは苦々しく受け止めていた。当時既に王は健康を害しており、夫婦としての生活も困難なためか、キャサリンは昔の恋人を秘書として宮廷に招き入れた。王に隠れて昔の恋人と不義を重ねているとの噂が広まり、ヘンリー8世の怒りを買ったキャサリンはロンドン塔で処刑された（1542年）。

そして、最後の王妃となったのがキャサリン・パーである。地方貴族の出で、

語学に堪能。夫のラティマー卿死去後は，3番目の王妃ジョーン・シーモアの兄トマス・シーモアを恋人としていた。彼女を見初めた王は，トマス・シーモアをネーデルランドの大使職につけて二人の仲を裂き，キャサリンも王の熱烈なプロポーズを受け入れた。彼女との間に世継ぎはできなかったが，キャサリンは先妻の子であるエドワード王子や二人の娘メアリー，エリザベスの良き継母，そして家庭教師役を務めた。またメアリーとエリザベスの王位継承権復活にも尽力した。ほどなくヘンリー8世が死去し，キャサリン・パーはトマス・シーモアと結婚，女児をもうけるが，産褥熱で亡くなった。その翌年には，夫シーモアがロンドン塔で刑死を遂げている。

＜バージンクィーンの浮き名＞

　エリザベス1世は生涯一度も結婚しなかったが，彼女の前には国の内外から求婚を迫る男性が次々と現れた。即位前のまだ少女の頃，エリザベスとの結婚を画策し，自ら王位を狙った色男トマス・シーモアもその一人だ。彼はヘンリー8世の3番目の王妃ジェーン・シーモアの兄であると同時に，王の最後の妃キャサリン・パーの恋人でもあり，王の死後彼女と結婚する。そして妻キャサリンが先妻の娘エリザベスを宮殿に招き同居するや，シーモアはエリザベスに近づき，求婚する。だが，二人の密会の現場を目撃したキャサリンによって，エリザベスはシーモアから遠ざけられてしまう。

　もっともこれがエリザベスには幸いした。その後，反逆罪でシーモアが処刑されたからだ。あのまま関係を重ね安易に結婚に応じていたら，自分の命も危うかったろう。異性関係が及ぼす影響の恐ろしさをエリザベスは身を以て悟った。この事件は，以後の彼女の異性交遊や結婚観にも大きな影響を与えた。即位後，エリザベスには外国王族との結婚話が次々と持ち込まれたが，いずれも成婚には至らなかった。彼女が48歳を迎えた時，仏国王の弟アンジュー公フランソワとの結婚話が持ち上がった。結婚するならこれが最後の機会とエリザベスも考えたが，カソリック国フランスとの婚姻に国民が反発したため，結局この時も結婚を思い留まっている。

　彼女の男性遍歴を眺めると，二人の寵臣との関係が目を引く。一人はレスター伯ロバート・ダドリーだ。ダドリーはヘンリー7世の廷臣エドマンド・ダドリーを祖父，ノーサンバーランド公ジョン・ダドリーを父とする名家の出だが，

祖父も父もともに反逆罪で断頭台の露と消えた人物で，父のジョンは9日間だけの女王として生涯を終えたジェーン・グレイを担いだ張本人だった。そうした出自ながら，エリザベスとは同い年でしかも幼馴染み，ともにロンドン塔に収監されていた間柄でもあり，彼女は即位後直ちにダドリーを国王の身辺警護にあたる主馬頭に登用，翌年には27歳の若さで枢密院議員に抜擢し，国政の中心を担う役割を与えた。エリザベスはこのハンサムな廷臣を憎からず思っていたが，彼は既に結婚していた。エリザベスが即位する8年前に，エイミー・ロブサートなる女性を妻に迎えていたのだ。

　それでもエリザベスのダドリーへの寵愛ぶりは大変なもので，スペイン大使が彼を「未来の国王」と評したほどである。ところが二人の仲が公然の秘密となった頃，不幸な事件が起きた。1560年9月，ダドリーの妻エイミーが自宅階段の下で首の骨を折って死んだのである。僅か7段しかない階段から落ち，しかも死体には頭の傷以外には外傷がないという不可解な事件で，あるいは政争絡みの犯罪とも思われるが，世間はこれをダドリーの妻殺し，あるいは「女王と彼が共謀して殺害を画策した」等と噂した。妻を殺害した疑いのある男と女王の結婚など，ありえぬ話となってしまったのだ。それでもエリザベスはダドリーをレスター伯に叙爵し，晩年に至るまで好意を抱き続けたが，遂に結婚することはなかった。

　そのエリザベスが晩年，寵愛した家臣がエセックス伯ロバート・デヴルーである。女王より34歳も若い貴公子デヴルーは，レスター伯ロバート・ダドリーの義理の息子であった。エリザベスとの結婚を断念したレスター伯が，のちに再婚したレティス・ノールズの連れ子だった（エリザベスとダドリーの子という俗説もある）。エリザベスにとってもデヴルーは息子のような存在であったかもしれない。彼は好戦的な人物で多くの戦争に参加，スペイン遠征ではカディス市街攻撃の陣頭指揮をとり勇猛を振るうが，その一方で，スコットランド国王ジェームズ6世と秘かに通じ，エリザベス女王死後のイングランド王位を狙うなど，野心的な性格は宮廷で危険視された。幾度か遠征失敗を繰り返す中で，次第に女王の寵愛は失われていった。アイルランド遠征も負け戦となり，戦力の半分近くを失った上，勝手に休戦協定を結び，しかも政敵の讒言を恐れ無断で帰国する等勝手な行動を重ねた。そのため女王の命で幽閉され，官職も剥奪

される。怒ったデヴルーは女王への謁見を求め一派を率いてロンドンに向かうが，逆に反逆者として逮捕，処刑される（1601年）。彼はロンドン塔で斬首された最後の人物となるが，処刑を命じたのは女王その人だった。その２年後には，エリザベスも69歳の生涯を閉じた。

次々と浮き名は流すが結婚に踏み切らない彼女の姿は，一見優柔不断で男心を弄ぶ悪女にも見える。しかしエリザベス１世は国内外の権力闘争に巻き込まれることを防ぎ，常に国民の信頼と国政の安定という政治的使命を私情に優先させた冷厳な意志の持ち主であり，国家の繁栄に生涯を尽くした真に偉大な指導者であった。臨終を迎えたエリザベスの枕元には一つの小箱が置かれていた。その中には，遡ること14年前，死が迫る中でダドリーが彼女に宛てた"彼からの最後の手紙"が大切に保管されていたという。

＜ビクトリア女王：至上の恋＞

好色話の多い英王室の中で，賢夫人としての生き方が国民の模範となった異色の君主がいた。ビクトリア女王である。彼女は1837年，18歳で王位を継ぎ，20歳の時にドイツのザックス・コーブルク・ゴータ公の二男で従兄弟に当たるアルバートと結婚。二人は仲睦まじく，９人の子供にも恵まれた。イギリスの貴族は自らの手で子供を育てない慣習があるが，家庭を大切にしたビクトリア女王には良き母親，良き妻という良妻賢母のイメージが定着し，イギリス中産階級の理想的家庭像を提供することになった。アルバートがドイツからクリスマスツリーの習慣をイギリスに持ち込んだことも，こうしたイメージの定着に与ったといわれる。

しかし夫のアルバートは1861年，42歳の若さで病死する。ビクトリアの受けた衝撃は計り知れぬほど深く，喪に服し悲しみを癒すため，10年間公の場に姿を見せることはほとんどなかった。悲嘆に暮れる女王を慰め，支え役となったのが，王室狩猟番人の従僕ジョン・ブラウンだった。そして映画『ミセス・ブラウン（邦題『クィーン・ヴィクトリア　至上の恋』）が描いたように，やがて二人は恋愛関係に落ちる。当時ロンドンの社交界では，女王は密かに「ミセス・ブラウン」と呼ばれていたというが，五つ年下のブラウンとの恋は秘められたもので，噂はあっても事実関係ははっきりとしなかった。

ところが１世紀を経た1979年，スコットランドの美術館長マイケル・マクド

ナルドが，二人は秘密裏に結婚式を挙げていたとの説を発表した。二人の結婚式に立ち会った聖職者が残した告白テープもあるという。1998年12月には，女王がブラウンと交わした書簡や二人の親密な関係を示す写真が見つかったと『タイムズ』紙が報じた。バルモラル城近くに住むブラウンの子孫が，屋根裏部屋に長年保存していたものだそうだ。二人の親密な関係を証明する物は一切無いというのが王室の公的な立場だが，早朝女王の寝室からブラウンが出てくるところを目撃したという女官の証言もあり，プラトニックか否かはともかく，深い愛情で結ばれていたことは否定できないようだ。

<王冠か恋か>

1936年1月ジョージ5世が没し，長男で41歳の独身エドワード皇太子がエドワード8世として即位した。独身国王の誕生は176年ぶりであった。だが彼には，2度の離婚歴を持つアメリカ人女性の恋人がいた。ウォーリス・シンプソン夫人で，離婚した二人の夫はともに健在だった。離婚経験者との結婚を禁じる明文規定はないが，国民の多くは離婚歴2回のアメリカ人女性との結婚を歓迎しなかった。しかしエドワード8世は即位するや早速，シンプソン夫人を伴い，王室ヨットで海外旅行に出かけてしまった。

このままでは王制そのものが危殆に瀕すると判断したボールドウィン首相は，エドワード8世に決断を迫った。1936年12月，国王はBBCラジオで「愛する女性の助けと支援なくして王位を全うしえない」と全国民に語り，王位を捨てシンプソン夫人との恋を選ぶ考えを明らかにした。在位11か月でエドワード8世は退位し，弟のジョージ6世が後を継いだ。一時動揺したイギリスの立憲君主制を見事立て直したジョージ6世は，エリザベス2世の父君である。

<マーガレット王女の悲恋>

そのジョージ6世が1949年，娘のエリザベス王女とマーガレット王女を伴って南アフリカを親善訪問した際，国王に付き添っていた侍従武官ピーター・タウンゼント大佐をマーガレット王女が見初めてしまった。二人の恋は長く秘密にされたが，1953年，姉エリザベスの戴冠式の際，王女と大佐の睦まじい姿がメディアに暴露されてしまう。マーガレット王女はエリザベス女王に，タウンゼント大佐と結婚したい意思を伝えた。妹の望みを叶えてやりたいと思う女王であったが，タウンゼント大佐には離婚歴があった。もし妹の願いを聞き入れ

れば，エドワード8世の時と同じ問題を王室は抱えてしまう。首相やカンタベリー大司教も，大佐の離婚歴を理由に結婚には反対であった。ひとまず冷却期間を持たせようと，大佐を外国の大使館に出向させることになった。タウンゼント大佐が選んだのは，イギリスに近いベルギーだった。

　2年後，任期を終えて大佐が帰国するが，二人の思いは変わらなかった。結婚して民間人となり王族の義務を放棄するか，あるいは結婚を断念し王族に残るか。岐路に立たされた王女と大佐は懊悩する。しかし，王族を放棄して民間人と結婚することは，エドワード8世の時と同様，王室の名誉と名声を傷つけることを二人は熟知していた。1955年10月，クラレンスハウス宮殿で王女は大佐と会うことを許された。だが，それが最後の逢瀬となった。大佐はベルギーに亡命し，BBC放送は「私はピーター・タウンゼント大佐と結婚しないと決意したことを，ここにご報告します」との王女の声明文を放送した。恋に破れた王女はその後，王室カメラマンのスノードン卿と結婚し，2子をもうけるが，夫の不倫，自身の浮気が取り沙汰され離婚，その後は若い男性と浮名を流す生活を続けた。1995年，ベルギーでタウンゼント大佐が死去したが，同じ頃王女も脳卒中で倒れ，2002年に永眠する。王室の危機は救われたが，決して幸せとはいえない王女の人生であった。

　昔からとはいえ，スキャンダルが絶えない王室には時に遠慮会釈ない批判も浴びせられる。だが，それが即王制反対や廃止論に直結したものでないこともイギリスの特徴だ。庶民が王室に一体感，親近感を持っているから，ストレートな批判や軽口も聞かれるのだ。そして王室の側も，常に開かれた王室作りに腐心している。1994年，留学先の学長の計らいで，エリザベス2世に拝謁，歓談する機会を得たが，その時驚いたのは，過剰な警備もなく，女官も女王陛下も非常にフランクな雰囲気でおられたこと，さらに会話の内容に一切制限が加えられず，どんな話題でも，また何を喋って戴いても結構，ただ挨拶の際は少し足を折り曲げ前屈姿勢を取って女王陛下を「ハーマジェスティ」と呼ぶようにして下さいとの指示が事前に担当者からあっただけ。そのうえ後日，女王と筆者を撮った写真が下賜されて，またまた驚いたものである。国民が王室への親しみを抱けるよう，また不必要に高い敷居を設けて王室が遠い存在とならぬ

エリザベス2世に拝謁する著者

ようにとの配慮が随所に窺えた。イギリスは，王室と一般大衆の距離が精神的にも物理的にも近い国なのである。

● 武家の伝統を受け継ぐ資産家

第3に，日本の皇室は武家政権誕生後は公家・貴族化が進んだが，英王室は今も武人の統領としての性格を帯びており，皇太子などは当然の如くに軍務に就く。フォークランド紛争では，チャールズ皇太子の次弟アンドリュー王子が空母インビンシブル搭載ヘリの副操縦士として出撃した。チャールズ皇太子も空軍のファントム戦闘機の操縦や落下傘降下を経験したほか，5年間海軍に在籍している。その長男ウィリアム王子も空軍に所属し，2010年にはテレビ番組のインタビューで，アフガニスタンの前線任務に就きたいと述べられた。女性ながらエリザベス2世も王女時代，補助義勇部隊に参加して運転手としての訓練を受けられている。高貴な身分の者ほど，国難に当たっては率先身を挺して困難に立ち向かうというノブレスオブリージェ精神である。

英王室の今一つの特徴は，大変な資産家だという点にある。王室は国庫から支給される王室費のほか，広大な土地や多くの建物，宝石などの貴金属を私的に所有する富豪でもある。バッキンガム宮殿やウィンザー城以外にも，毎年女

王以下の王室が夏期休暇を過ごすスコットランド，アバディーンシャーのバルモラル宮殿やエディンバラのホリルードハウス宮殿等多くの宮殿を持ち，ロンドンの一等地も所有，さらに王領として全国各地に約30万エーカーの農地や山林が広がる。ロンドン塔に展示される宝石類や王冠，多くの絵画等の財宝も私有財産の扱いだ。それゆえ，英国一の資産家ともいわれる王室に巨額の税金を投じる必要ないとの批判も生まれるのだ。

　王室関係の経費総額が全て税金で賄われているわけではなく，職員経費などに充てられる王室費は地代など王室保有資産からの私的な収益で支払われており，王室関係者は特産品販売など領地からの収入増に努めている。また世論に配慮して，1993年から王室も税金の一部を納めるようになった。1992年にウィンザー城の一部が火事で消失した際，その修理費を国が負担することへの反発が強まった。そこで翌年から夏期にバッキンガム宮殿を一般公開し，その入場料収入で修理費用が賄われた。女王陛下自ら質素倹約を旨とされ，王室保有の豪華ヨットを手放したり節約に取り組んでおられる。2011年のウィリアム王子とケイト・ミドルトンのロイヤルウェディングはかなりのジミ婚だったが，これも華美贅沢を排する方針に基づいたものだ。

　●王室は存続しうるか

　そうした努力を重ねても，ひとたび王室関係者のスキャンダルなどが報じられると，王制は時代に逆行するとか廃止すべしとの批判が俄に高まるものだ。その最も顕著な例が，ダイアナ妃を巡る離婚騒動や，彼女がパリで死去した際に王室に浴びせられた怒りや不満であった。ダイアナ問題で多くの国民は一斉に王室批判に走り，かつてないほど王室への風当たりが強まった。その理由は，ダイアナ問題が，平民代表ダイアナvs王室代表チャールズという対立の構図になったためである。現実にはダイアナは平民出身ではなく名門貴族スペンサー家の出だが，国民は彼女を自分たち平民の代表かシンボルと受け止め，彼女もまたそのように演じた。それがダイアナ人気の秘密である。そのため，チャールズとの不和や離婚問題は，強者王室による弱者ダイアナ虐めと映ったのだ。

　そもそもチャールズの浮気が原因なのに王室はダイアナに冷たい，あるいはその不慮の死に際しても，冷酷な女王一族はバルモラル城での夏期休暇を切り上げてロンドンに戻ろうともせず，弔文さえ発表しない，といった受け止め方

が流布し、自分たちに近しいはずの王室に裏切られたとの怒りと絶望の心理状況に国民が陥った。これが集団ヒステリーともいえる大騒動の原因であった。庶民の代表として振る舞い、その同情と支援を得ることで訴訟を有利に展開し、離婚後の処遇や権利を最大限獲得しようとする巧みなダイアナの戦術に、国民が取り込まれてしまったといえる。

　ダイアナ騒動後も、チャールズ皇太子の再婚やセーラ元妃の離婚、さらにヘンリー王子とメーガン妃のスキャンダルがメディアを賑わせ、「王室廃止でイギリスは良くなる」と考える者が、1987年の13％から2000年の調査では27％に増加するなどイギリス人の王室に対する認識が厳しくなっていることは事実だ[4]。しかし、それでもこの国が王室を廃することはないだろう。王室の存否は、世界初の民主国家でありながら、身分制社会を抱え持つこの国の複雑な構造とも深く関わっており、その廃止は社会的な緊張と混乱を引き起こす恐れがある。また非白人人口の増加によって王室の持つ国民統合機能が低下していることは事実だが、新しい血を入れその高い国際性を保持することで乗り越えられるであろう。それに、種々批判が出るのは王室が開かれている証明でもあり、批判や不満の大きさは、逆に国民の王室に対する親しみや敬慕の強さの裏返しでもあるのだ。

　「イギリス人は、世襲君主制の利点を捨てるようなことはないと思われる。王室は国民的一体感のイメージの一部であり、また他国民から見たイギリス人自身のイメージともなっている。……裁判所に飾られる王室の紋章、国家公務員のブリーフケースに付けられている王冠のマーク、女王による議会の開会、首相の毎週の宮殿訪問などは、王権の公正さ、不偏不党性の概念に基づくものである。これに代わるものとしてアメリカ人が口にする『我々人民』の概念は、今でもなお大海一つ分を隔てるほどかけ離れたもののように見える。王位の崇高さと王家の一族の人間的な欠点との溝はいまに始まったことではなく、この溝は過去にもいく度かもっと深刻な危機に耐えてきたのである。君主は政治家がとうに失っているような、長い歴史的な視点から物事を見ることができる。このような物の見方は政治が短期的な経済社会の動きに一喜一憂するようになっている現在、いっそうの希少価値であり、貴重なものである」（アンソニー・サンプソン[5]）。

● 王位継承を巡る問題

　ただ，王室は残るとしても，今の制度が最良かといえばそうではない。英国王は国教会という巨大宗教組織のトップの座にある。これが英王室第5の特徴でもあるが，象徴的存在が特定の宗教と密接な関わりを持つことへの批判が強まっているのだ。1701年の王位継承法では，カソリック教徒及びカソリック教徒と結婚した者は王位継承が禁じられている。カソリック教徒の国王ジェームズ2世がカソリック教徒を要職に重用した史例を踏まえて設けられたものだ。この法律の適用を受け，現女王の従弟に当たるマイケル王子が1978年にカソリック教徒と結婚した際，王位継承権を放棄した実例もある。しかし，英本国及び英連邦の元首である国王が一つの宗教・宗派の長であることは，国家・連邦統合の象徴としての役割を果たす上で相応しくないとの受け止め方だ。イギリス人のうち国教徒は2/3程度で，カソリックやプロテスタントもいれば，移民の増加に伴ってイスラム教等非キリスト教信者も増えている。多くの国と交流を重ね，国際色豊かな王室が宗教面で制約を設けることは矛盾しているとの指摘もある。チャールズ皇太子も「英国教会の守護者ではなく，信仰全般の守護者でありたい」との意向を示し，キャメロン首相も，カトリックと結婚した王族は王位継承権を失う規定は「歴史的な不合理」と指摘しており，将来的には王位継承法の改正も含め，王室の宗教への関わりは薄められていくであろう。

　いま一つ，王位継承順位についても見直しが進んでいる。現在，慣習により継承権は男女平等ではなく，国王直系の男子優先となっている。年下の男子が年上の女子に優位するのだ。1952年には，男兄弟がいなかったためエリザベス女王が即位した。エリザベス女王の長女アン王女は次男のアンドリュー王子，三男のエドワード王子より年上だが，王位継承権は両王子よりも遥かに低い。しかし欧州の王室では長子継承が主流で，新聞のアンケート調査（2010年）でも王位継承は男女平等であるべきとの意見が8割近くを占める。そのため，キャメロン首相は2011年10月，現行の慣例は時代遅れであり，性別に拘らず男女平等で長子を優先するよう法改正手続きに着手した。ルールの改正には英国王を元首と位置づけている豪，加，ジャマイカ等英連邦15か国の議会承認が必要だが，同年4月に結婚したウィリアム王子とキャサリン妃の第一子誕生には間に合わせたい意向といわれる。

5　北アイルランド問題

● 北アイルランド紛争の再燃

アイルランドが南北に分離するまでの経過は第1章で触れたが，国民投票を経てデ・ヴァレラが1937年に成立させた新憲法は，全島の完全独立を建て前としつつも，国土の再統一を成し遂げるまでは南北の分裂を許容する妥協的な方針を示していた。これに反発したカソリック過激派勢力のIRAは，英本土での爆弾闘争に乗り出した。しかしデ・ヴァレラ政権や英政府の弾圧を受けて，抵抗運動は衰退していった。再びアイルランドを巡る闘争が激しさを見せるのは，1960年代後半のことである。

北アイルランドは強い自治権を認められたが，自治政府は人口の多数を占めるプロテスタント系住民を基盤とするユニオニスト党が長期にわたり政権を独占していた。当時北アイルランドでは納税額の多寡に応じて地方選挙で複数の投票権が認められており，高額所得者の多いプロテスタントには有利な制度だった。選挙の区割りも露骨にプロテスタント有利に線引きされていたのだ。だがアメリカにおける公民権運動の影響を受け，それまで二級市民的な扱いを受けてきたカソリック教徒は，プロテスタントと同等の法的地位を求める公民権運動を展開するようになった。この動きに警察当局や過激なプロテスタント組織が暴力で対抗したことが，戦後北アイルランド紛争の発火点となった。

1968年，不公平な選挙制度やプロテスタント優先の公営住宅割り当てなどの差別是正を求め，カソリック側がデモを行うや，翌年，ベルファストのクィーンズ大学学生を中心とする公民権運動のデモ隊を警官隊が襲撃，またプロテスタント過激組織がカソリックの民家を焼き討ちしたため，両派の対立は一気に激化した。休眠状態だったIRAが復活し，70年には内部分裂でより急進的なIRA暫定派が分離し，武装闘争の主導権を握るようになった。これに対抗してプロテスタント側も軍事組織アルスター義勇軍（UVF）やアルスター防衛同盟（UDA）等の過激派勢力が組織され，両者の流血事態が繰り返された。

事態の沈静化を目指し英国政府は軍隊を北アイルランドに派遣したが，実際にはカソリック側への弾圧となることが多く，1972年には公民権デモの参加者

14人が英軍兵士に射殺され，カソリックの激しい怒りを買った（血の日曜日事件）。アイルランド本国では，怒った民衆がダブリンにある英国大使館を焼き討ちした。そのためヒース首相は，北アイルランド自治政府の機能を停止し，英政府による直接統治に乗り出した。1979年にはIRA暫定派の仕掛けた爆弾でマウントバッテン伯爵が殺害され，1983年のクリスマス直前にはロンドンの有名なデパートハロッズでもやはりIRA暫定派が仕掛けた自動車爆弾で5人が死亡，80人が重軽傷を負った。さらに1984年には，ブライトンで開かれていた保守党大会に出席するサッチャー首相を狙う爆弾テロがやはりIRA暫定派によって起こされ，首相は危うく難を逃れたが，5人が犠牲となった。

● ベルファスト和平合意と自治政府の成立

激しい北アイルランド闘争に転機が訪れたのは，1990年代であった。冷戦の終焉や，強硬路線を取るサッチャーから穏健なメージャーへの政権交代，あるいはIRAやその政治部門であるシンフェイン党幹部の中に，暴力による問題解決の手法に限界や絶望感が出始めたことも影響していた。1993年，メージャー首相とアイルランドのレイノルズ首相が，互いに協力して北アイルランド問題の解決に取り組むとの共同宣言（ダウニング街宣言）を出したことを受け，翌年IRAは突如停戦を発表し，プロテスタント過激派勢力も停戦で応じた。

双方の停戦は1年半続いたが，メージャーがIRAとの交渉に慎重であったため，96年にIRAは停戦破棄を宣言し，ロンドンでの爆弾闘争を再開させた。翌年誕生した労働党政権のブレア首相はIRAに再停戦を促すとともに，和平協議開催に尽力する。そして1998年4月のイースターにイギリス，アイルランド，それに紛争当事者のシンフェイン党や北アイルランドプロテスタント勢力の4者がベルファストに集い，徹夜で交渉を続けた結果，①北アイルランド議会と自治政府の創設，②北アイルランドは多数の同意がない限りアイルランドと合併せず，アイルランドは北アイルランド領有をうたうアイルランド憲法を修正する，③カソリック，プロテスタント両勢力の武装解除等を盛り込んだ和平合意の成立に漕ぎ着けた（ベルファスト合意）。

合意の是非を問う住民投票では，7割を超える人々がこれを支持した。以後，協定に基づき北アイルランド議会が発足し，政治犯の釈放が始まった。和平合意に貢献したプロテスタント穏健派の最大政党アルスター統一党のトリンブル

党首とカソリック穏健派社会民主労働党のヒューム党首がノーベル平和賞を受賞し，99年には北アイルランド自治政府が成立，トリンブルが首相に就任した。その後，武装解除の遅れや諸勢力の意見の食い違いから自治政府は幾度も機能停止に陥ったが，07年には議会選挙が実施され，民主アルスター党，シンフェイン党，社会民主労働党，アルスター・ユニオユスト党の主要4党が選挙結果に応じた閣僚ポストを配分され，自治政府も機能し始めている。2010年4月，司法・警察権が英政府から自治政府に委譲され，同年6月には，キャメロン首相が「血の日曜日事件」を公式に謝罪した。完全に問題が解決したわけではなく，北アイルランドの帰属も不透明ながら，紛争は徐々に収束に向かいつつある。

●注釈
1) 山口二郎『イギリスの政治 日本の政治』(筑摩書房，1998年) 62～65頁。
2) 簑葉信弘『BBC イギリス放送協会』(東信堂，2002年) 24頁。
3) 渡辺幸一『英国のバランス日本の傾斜』(河出書房新社，2006年) 111頁。
4) アンドリュー・ローゼン『現代イギリス社会史』川北稔訳(岩波，2005年) 54頁。
5) アンソニー・サンプソン『最新英国の解剖』廣淵升彦訳(同文書院インターナショナル，1993年) 117～118頁。
6) 荒井利明『英国王室と英国人』(平凡社，2000年) 186～187頁。

●参考文献
[1 法秩序と政治制度]
林信吾『英国議会政治に学べ』(新潮社，2001年)
河合宏『ユニオンジャックの政治パワー』(日本経済新聞出版社，2010年)
田中琢二『イギリス政治システムの大原則』(第一法規，2007年)
[2 国際関係と外交政策・国防]
奥田泰弘『国家戦略とインテリジェンス』(PHP研究所，2011年)
川成洋『紳士の国のインテリジェンス』(集英社，2007年)
[3 メディア]
ウィリアム・ショークロス『マードック』仙名紀訳(文藝春秋社，1998年)
原麻里子他『公共放送BBCの研究』(ミネルヴァ書房，2011年)
[4 王室とイギリス社会]
黒岩徹『物語英国の王室』(中央公論新社，1997年)
小林章夫『イギリス王室物語』(講談社，1996年)
森護『英国王室史話(上・下)』(中央公論新社，2000年)

[5　北アイルランド問題]
鈴木良平『アイルランド問題とは何か』(丸善,2000年)
S. マコール『アイルランド史入門』大渕敦子他訳(明石書店,1996年)
堀越智『北アイルランド紛争の歴史』(論創社,1996年)

第5章　イギリス人の日常生活

1　食生活・食文化

● なぜイギリスの料理は不味いか

　イギリスの料理は，昔から不味いことで有名である。確かにこの国で生活していると，料理に全く味がなかったり，食べ物に塩気がまるで感じられないといった体験をするのは日常茶飯事だ。楽しいはずの食事も，ただタンパク質を咬み砕き，それを内臓に収める作業という体である。そのため，食べる際には，あたかも力士が土俵で塩を巻くが如く，大量の塩を料理に振りかけてからでないと口には運べない。ついうっかりソルトの小瓶と間違えてペパーを振りかけでもしようものなら，不味いだけでは済まず，口の中が火事になってしまう。
　味がないというのは，素材を活かすということとは意味が異なる。例えばドーバー海峡で獲れる同じヒラメ（ドーバーソウル）でも，フランス料理であれば原形も留めぬほどに調理され，その上さらにゴテゴテのソースにまぶされて出てくるが，イギリス料理の場合は，オーブンでそのまま焼き上げるか，油で揚げてフライにするだけだ。焼くだけ，揚げるだけで，微妙繊細な味付けや隠し味の工夫がまるでなく，食材本来の特徴を活かすなどというものではなく，単純シンプルな調理方法しか施さないだけなのだ。肉料理も，ボイルするかローストするだけ。こちらは，素材を活かすどころか，野菜などは原形を留めぬまでドロドロに煮込むのが一般だ。「イギリスには，宗教の宗派は60以上もあるのに，料理のソースは一つ（ウスターソース）しかない」と悪口をいったイタリア人がいたが，イギリスの料理が不味いのは，調理方法に工夫をしない，というより，そもそも料理というものに関心を示さない国民性が影響している。
　なかには，イギリス人の味覚，味に対する感覚がおかしい，他国民とは違っ

ているなどと説く向きもあるが，この説は明らかな間違いだ。それは，イギリスの料理が総じて不味いとはいえ，ロンドンには美味しいレストランがたくさんあり，世界各国の美味いものが集まっているからだ。この町にはインドや中国，イタリア，フランス，ギリシャなど世界各国から一流のコックが集まり，世界中の美味しい料理が味わえる。仏革命で失職した宮廷料理人や海外植民地からの移民がロンドンで料理店を開いたためというが，イギリス人の舌がおかしければ，こうした美味いレストランが繁盛するはずがない。ちゃんと，美味しいもの，そうでないものの区別はできるが，自分たちが普段食べる際にはさほど味には拘らないということなのである。同じ皿に肉も野菜もポテトも盛り合わせてしまうスタイルも，なるべく食事や食後の片付けに手間をかけずに済まそうとするこの国一流の合理主義の表れともいえる。

● **不味い料理が世界大国を生み出した**

　食事に強い関心を払わない民族性は，例えばこの国でサンドウィッチが発明された事実からも窺えよう。同じアングロサクソンの国アメリカで，やはりハンバーガーやホットドッグなど，作業しながら簡単に食べることのできる料理が生まれたことも偶然ではない。ともに，ピューリタンの質実剛健な気風に由来しているのかもしれない。

　美味しい食事や母国の料理にありつけなくとも苦にならない民族は，粗食に耐えることができるから，遠く祖国を離れた異境の地や外国で過ごすことにも抵抗感が少ないものだ。つまり，料理というものに対する拘りの無さが，海外に乗り出し，世界に雄飛する国民性や開拓者魂を育てたのである。わずか数日の海外旅行でさえも旅先で和食を欲する日本人と比べれば，その違いは大きい。同じ海洋国家でありながら，一方が数世紀にわたり世界を支配し続けることができたのに，他方は内に籠もりがちで国際大国になれず仕舞いで終わったのは，食事や食生活に対する意識や嗜好とも関わりがあったのだ。

● **代表的なイギリス料理**

　イギリスを代表する肉料理といえば，ローストビーフであろう。ワインやハーブ，スパイスからなる調味液に漬け込んだ牛肉の塊をオーブンで焼いたもので，西洋わさび（ホースラディッシュ）とグレイビーソースを付けて食べるのが一般的だ。付け合わせには，ヨークシャープディングや茹で野菜が出てくる。

プディングといっても日本でいうお菓子のプリンとは違う。小麦粉と卵と牛乳に塩で味つけしたものを焼いて膨らませたパンのようなもので，そのまま食べても良いが，グレイビーソースを付けて食べる人も多い。ロンドンのストランドにある老舗「シンプソンズ・イン・ザ・ストランド」はロースト・ビーフの名店として世界的に有名だが，一般家庭でも家族が揃う日曜日や記念日にはよくローストビーフが登場する（牛肉以外に羊，豚，チキンのローストもある）。

　他に伝統的な肉料理としては，牛肉や豚肉のミンチに香辛料を加え，パイ皮で包んで焼いたミートパイがある。パイ料理の種類は多く，シェパードパイや，コーンウォール地方のコーニッシュパイも有名で，グリンピースやチップス（フライドポテト）と一緒に食べる。羊や子牛の臓物，腎臓のまわりの脂肪等を刻み，オートミール，玉葱，胡椒等と一緒に羊の胃袋に詰めて煮たハギスや，ホットポットと呼ばれる豚や子羊などの肉類に野菜を加えて煮たシチュー類も有名だ。ハギスはスコットランドの伝統料理だが，最近のアンケート調査ではイギリス人の3人に1人が，ハギスを高地に住む生物，あるいは楽器の名前，さらにはハリーポッターに出てくるキャラクターだと信じているから驚かされる。ホットポットは，ビーフシチューとして日本に伝わった。肉の煮込み料理キャセロールもよく食卓に上る。ソーセージ＆マッシュや，牛の肉と腎臓を細切りにして煮込んだものをパイで包んだステーキ＆キドニーパイもパブランチとしてポピュラーだ。

　魚料理では，フィッシュアンドチップがこの国の代表格だ。鱈が主流だがカレイも使われる。チップスとは揚げたジャガイモで，フライドポテト，フレンチフライのことでポテトチップスとは違う。日本でいうポテトチップスは，イギリスではポテトクリスプスと呼ばれる。フィッシュアンドチップスの専門店もあれば持ち帰りできる（イギリスではテイクアウェイ）店もあるが，最近はハンバーガー等米資本のファストフード店に押され気味である。そのほか，鰊や鮭の燻製キッパーは朝夕食によく出される料理だ。高級魚料理では，ドーバーソウル（ドーバー海峡で獲れたヒラメのムニエル）がポピュラーだ。

　野菜では，各種のジャガイモ料理が食されるが，茹でた大きなジャガイモ（ベイクドポテト）が出てくることがある。ジャケットポテトと呼ばれ，チーズやベーコン，サワークリームなどを乗せて食べる。デザートではアップルパイ

やトライフル（スポンジケーキにカスタードクリームをかけたもの）が一般的だが，甘いもの好きの国民性ゆえ，スーパーにはチョコバーの類が所狭しと並んでいる。

　一般に評判の悪いイギリス料理だが，コーンフレーク（イギリスではシリアルと呼ぶ），トースト，ベーコンエッグ，玉子料理，ソーセージ，焼いたトマトやマッシュルームなどが一枚の皿の上に盛り合わされて出てくる伝統的な朝食（English breakfast）は，パンと飲み物だけのコンチネンタル方式に比べてボリュームもあり豪華だ。イギリスを旅すればホテルの朝食では出されるが，朝はトーストにシリアル，卵，それに紅茶かコーヒー程度の軽い食事で済ませるイギリス人家庭がほとんどである。

● 食事の習慣と呼称

　かつてイギリス人は昼夜の1日2回の食習慣であったが，19世紀に朝昼晩の3食となった。産業革命を経験し，工場で働く労働者が増え，朝食抜きでは体が持たないからだ。現在の平均的イギリス人の1日の食事スタイルを見ると，まず寝覚めの紅茶（アーリーモーニングティ）と朝食を自宅でとった後，職場で午前11時頃，ミルク入りのコーヒーか紅茶とビスケットを食べる習慣がある（イレブンジイズあるいはモーニングティ）。昼食（ランチ）は日本よりも遅く午後一時頃。そのあと，家庭人だと遅い午後にアフタヌーンティをとる。最後は夕食で，アフタヌーンティを入れれば1日4食の生活だが，夕食＝ディナーでは必ずしもない。

　イギリスにおいてディナーとは，1日の中で一番中心となる食事を指し，昼間でもサンドウィッチのような軽食でなくがっちりとしたものを食べる場合はディナー（例えば日曜日のサンディディナー）であり，オックスフォード大学のコリッジも日曜日は昼食がディナーになっている。朝食抜きの1日2食時代は国中，昼食がディナーだった。しかし，通勤スタイルの勤労者が増え，自宅に戻ってゆったりと昼食をとることができない者が増えていく。そこで，朝食の習慣が普及し始めたこともあり，昼をサンドウィッチなど軽食で済ませ，会社から戻りたっぷりと食事ができる自宅での夕食が中上流階級にとってのディナーになっていった。もっとも，農家や工場労働者は時代が下っても家の近くで働くことが多く，相変わらず昼食がディナーだった。昼ご飯がディナーとなる

労働者らは，軽めの夕食をティ（tea）と呼んだ。ハイティ（high tea）という言葉もある。アフタヌーンティと同じ意で用いられる場合もあるが，ハイティ本来の意味は，産業革命時代，5～6時頃に帰宅した労働者階級がとる夕食のことだった。喫茶的なアフタヌーンティに対し，アフタヌーン（午後）よりも遅い夕刻にミートパイ等の肉や魚料理を伴う重いお茶をハイティと呼ぶこともある。これも事実上の夕食である（但し労働者階級に由来するハイティの名称を嫌い，貴族はヘビーティ，ミートティと呼ぶ）。昼食か夕食か，階級で意味が異なる「ディナー」は階級言葉なのだ[1]。なお上流階級の間では，フォーマルな夕食だけをディナーと呼び，一般の夕食をサパーと称することもある。サパーとは，もとは舞踏会やオペラ観劇などの後にとる遅い夜食のこと（昼にディナーをとった時の軽めの夕食を指す時もある）。社交に忙しい貴族は，夜11時以降に夕食をとることが多かった。その名残に由来した用法である。

● 紅茶あれこれ

イギリスの食事で欠かせないのが紅茶だ。茶がヨーロッパにもたらされたのは17世紀初めのことで，1610年にオランダ東インド会社の船が平戸から本国に持ち帰った茶がヨーロッパにおける茶の流行の起こりとの説もある[2]。イギリスにも，このオランダ経由で茶が伝わった。1662年，チャールズ2世に嫁いだポルトガル王の娘キャサリンが東洋趣味の持ち主で紅茶を好んだことから，まず宮廷や上流階級で茶が流行り，さらに茶の貿易を独占していたイギリス東インド会社が紅茶キャンペーンを張ったことも手伝い，紅茶を飲む習慣が国中に定着していった。それまでイギリスはヨーロッパ最大のコーヒー消費国で，ロンドンだけでも2000軒以上のコーヒーハウスがあったが，17世紀後半を境に紅茶が主流となっていく。コーヒーはコーヒーハウスで人気を得たが，紅茶は専ら家庭で愛飲された。

紅茶の正しい入れ方を巡り，前もってよく温めておいたティカップにまず冷たいミルクを入れ，その後から熱いティーを注ぐミルクインファースト（milk in first）と，逆に後からミルクを入れるミルクインアフター（milk in after）の論争があり，上流階級はミルクが先（ｍｉｆ）との説もあるが，はっきりしない。ある調査によればイギリス人は毎日平均10.5杯の紅茶を飲んでおり，入れ方はどうあれ，国を挙げての紅茶好きは疑をえない。

● アフタヌーンティ

イギリスで食事といえば紅茶，紅茶といえばアフタヌーンティが頭に浮かぶ。1840年頃，第7代ベッドフォード公爵夫人アンナ・マリアが午後の憂鬱な気分を紛らわせるために，使用人にケーキと紅茶を持ってこさせたのが起源とされるが，イギリスの冬を一度でも体験した人ならこの気持ちが実感として理解できよう。冬場のロンドンでは午後3時ともなれば既に外は真っ暗，寒くて暗い中，暇を持て余す貴族もさすがに外出しようという気にはなれない。そこで，長々と時間をかけて紅茶や軽食で寛ぎ，あるいは客人との歓談で優雅に過ごそうという発想である。しかも，昔の貴族の生活は，朝食兼用の昼食と夜8～9時以降の遅い夕食の1日2食が一般で，その間の空腹を補う紅茶と軽食からなるアフタヌーンティが歓迎されたのである。安価な紅茶がインドやセイロンから大量に輸入されると，中流階級の家庭にもこの習慣が広まった。アフタヌーンティの習慣は海外の植民地でも真似られ，またリッツやサヴォといったロンドンの著名なホテルが観光客に供したことで世界に知れ渡っていった。

アフタヌーンティは概ね午後3時～5時頃で，紅茶と一緒に3段重ねのティスタンドにスコーン (scone)，フィンガーサンドと呼ばれる小ぶりのサンドウィッチ（サーモン，ツナ，ハム，チーズなど）やクッキー，フルーツケーキ等の小菓子が盛られて運ばれてくる。紅茶はミルクティで，スコーンは二つに割り，ストロベリージャムか硬くて脂肪分の多いクロテッドクリームを付けて食べる。

● 庶民の憩いと交流の場：パブ

パブ (pub) とは，パブリックハウス (public house) の略で，食事可能な酒場，居酒屋のことである。貴族や上流階級の紳士たちは，会員制のクラブで酒食や友人との歓談を過ごすが，庶民にとってはパブが最大の憩いの場になっている。現在のようなパブが現れたのは19世紀半ばで，エールハウスと呼ばれた酒場や食事もできるタヴァーン，さらに宿も兼ねたイン等に起源が求められる。もっとも，階級社会の国ゆえ，かつては中流階級のサルーンバーと労働者階級のパブリックバーと店の中が二つに仕切られ，入口もそれぞれ別になっていた。パブリックバーにはテーブルや椅子がない立ち飲み専用の仕様で，値段もサルーンバーの方が高かったという。現在はこうしたシステムも廃止されたが，入口が二つある店は今でも多い。内装やテーブルの有無が同じ店内でも場所によ

り異なるパブを利用した経験は幾度もあり，昔の名残と思われる。現在，ロンドンだけでも1万軒，英国全体では8万軒のパブがある。

　パブでよく飲まれる酒は，ウィスキーではなくビール，それも日本人が飲むラガー（低温発酵）よりもエール（高温発酵）で，ビターかスタウト（黒ビール）などが一般的だ。ビターは赤茶色の生ビールのことで，ラガーのように冷えておらず生温いので日本人には違和感があるが，これを立ったままちびりちびりとやるのがイギリス流の酒の飲み方。サラリーマンの中には，平日パブで昼食をとる際，リキッドランチと称してビールを飲む者も結構いる。ビールは地下室のタンクからポンプで汲み上げる方式で，店のカウンターにはビールポンプのハンドルがたくさん並んでいる。注文はカウンターに出向いて店員（スタッフ）に頼み，受け取ったらその場で現金を払い，飲みたいところまで自分で運ぶ。

　酒場だからパブは酒を飲むのが中心だが，パブメニューと呼ばれる食事もできる。俗にいうパブ飯で，店の外に出ている看板には，色とりどりのチョークを使って，その日の食事のメニューリストが掲示されている。値段も数ポンドと手頃で，フィッシュアンドチップスはじめ，シチューやパイ，ソーセージ＆マッシュなど結構美味しい店が多い。食事をする時は，オーダーの際，自分の座っているテーブルの隅についている番号をカウンターの店員に告げれば，運んできてくれる。昔は女人子供禁制で，あるいは男性用と女性用に場所を区切っていた店もあったという。今では女性の入店制限はほとんどないが，パブで女性客を見かけることはあまり多くない（男性同伴は別）。子供は親など同伴者がいれば可能となり，家族でパブ飯を食べるファミレス的な風景を見かけることが増えた。

　パブの営業時間は，1915年に酒類の販売に時間制限を設ける法律が制定されて以来，月〜土曜日は午前11時から午後3時と午後5時30分から午後11時まで，日曜祭日は正午から午後2時と午後7時から午後10時までと定められていたが，その後法律が改正され，スコットランドでは1976年，イングランドとウェールズでは1988年以降，午前11時から午後11時まで営業できるようになった（ただし日曜日の営業時間は総じて短い）。現在では，許可が下りれば24時間営業も可能になり，2011年のロイヤルウェディングの際には営業時間を2時間延長して翌

日午前1時まで特例で認められるなど，当局の規制もかなり柔軟になっている。但し全面禁煙である。

　イギリスはどこもそうだが，パブも特段愛想がよいわけではないから，初めての人には敷居が高く感じられるが，慣れると便利だ。他人のことをじろじろ見たりする者は全くおらず，仲間うちで楽しくやっているか，一人黙々と飲んでいるだけだ。カウンターの店員に注文する際，訛りのきつい英語で聞き取りにくいこともあるが，何でも経験だ。日本人の下手な英語に負い目を感じる必要もないと開き直り，のんびりリフレッシュすればよい。しかも，パブには必ずトイレがある。公衆トイレが少ない国なので，その点でも旅行者には重宝な存在といえる。

2　生活環境

●住宅事情

　イギリスの住宅は，デタッチドハウス（独立した一戸建住宅：detached house），セミデタッチドハウス（2戸連続住宅：semi-detached house），テラスハウス（3戸以上連続住宅：terraced house）に大別できる。そのほか，主に都市部の住宅として1960年代から増え始めたフラットと呼ばれる現代的な集合住宅もある。

　デタッチドハウスは戸建て住宅のことで，ロンドンだと，ハムステッドなどの高級住宅街で見られる。セミデタッチドハウスは一つの建物をその真ん中で半分に仕切った2棟続きの住宅で，大都市の郊外に多い。造りは左右対称だが，入り口はもちろん別々で，別の世帯が住まう。テラスハウスはいわゆる長屋のことで，同じ階数，同じ窓，同じ入口の家が道路に沿って延々と連なるタイプ。5～6戸程度繋がっている新築をタウンハウスと呼ぶこともある。もともとテラスハウスは産業革命で出現した低所得の労働者階級向け住宅だったが，現在では都市部の中流階級も多く住んでいる。フラット（flat）は，日本でいうアパート，マンションの類で，公営住宅はカウンシルフラットと呼ばれる。大家族主義だったジョージ朝やビクトリア朝時代に建てられた大邸宅は現在では広すぎるので，これを各階毎に改造してフラットにしたもの（コンバーテッドフラット）もある。日本では集合住宅をマンションと呼び慣わしているが，英語本

来の意味はカントリーハウスのような豪華な邸宅を指す。「私は（日本で）マンションに住んでいる」というと、イギリス人は驚いてしまう。

　値段の高さは、デタッチドハウス、セミデタッチドハウス、テラスハウス、フラットの順。中流階級の人たちは、自分の家を持つことを人生の目標にしている。人口密度が低いので戸建てに対する憧れは日本以上に強いが、デタッチドハウスは高額で手が出ないため、郊外のセミデッタチドハウスに住めるようになるのが夢だ。またイギリス人は新築よりもできるだけ古い家を好む。何代にもわたって同じ家に住み続けるのが貴族や上流階級であり、そうしたステイタスに近づけるという理由だ。そのため、この国では古いというだけで住宅の値が張る。しかも怪奇現象が大好きな国民だから、幽霊が住みついた古い家となればさらに売値が上がる。売り主自ら「幽霊出ます」の新聞広告を出すのはそのためだ。

　この国で、家を新築している現場に出くわすことはほとんどない。イギリスの町はビクトリア朝時代にほぼ完成され、基本的に当時の建物が今日も使われている。だから築50年の家もニューハウスの部類に入る。木造建築の日本とは違い、住宅に対するスクラップアンドビルドの意識に乏しいのだ。必要に応じて内装を変えながら住み続けるスタイルが確立しており、見かけは年代物でも中に入ると日本よりも進んだOAを備えているビルはざらにある。

セミデタッチドハウス

テラスハウス

代表的な住宅の建築様式としては，木造の軸組み壁が特徴のハーフティンバーと呼ばれるタイプがある。木材（オーク）の豊富だった時代，羊毛で富を得た牧羊業者が好んで建てたタイプで15～18世紀に流行ったが，ロンドン大火以後は，耐火性の高い煉瓦造りが主流になる。時代順でいえば，ジョージア朝（18世紀～19世紀半ば），ビクトリア朝（19世紀半ば～20世紀初頭），エドワード朝（20世紀初頭），それに最近のモダン様式。ジョージア朝様式は，黄土色の煉瓦に四角い窓が特色。ビクトリア朝様式は，出窓や尖った屋根等装飾性に凝っている。エドワード朝様式は，直線的でシンプルなデザイン，モダンタイプは機能本位で日本の一般のビルに近いデザインだ。

● **市街風景：スクエアとサーカス，ラウンドアバウト**

ロンドンの西部（ウェストエンド）には，所々にスクエアと呼ばれる大きな四角い広場がある。大地主が広域単位で街の開発を進めた際に設けられたもので，広場の中心部は緑で被われた小公園になっており，なかにはスクエアから柵で囲った細長い庭園が伸びているものもある。いずれも，スクエア周辺の高級住宅に住む住民だけが鍵を開けて利用できる私的な庭園である。四角いのがスクエアなら，丸い広場はサーカスと呼ばれる。ロンドン一の繁華街ピカデリーサーカスが有名だが，別にサーカスが催されているわけではない。

イギリスは日本と同じ（というか日本が真似たのだが）左側通行で，イギリスの道路はM，A，Bの3種類に分かれ，それぞれに番号がついている。Mは高速道路でMotorwayの略。無料で制限速度は70マイル（112km）。Aは国道で，2～4車線を備えた幹線道である。それ以外の地方道がBの表示だ。このM，A，Bの後に一桁から四桁の数字がつく。数字の桁数が多くなるほど田舎道ということになる。ところで，一般道には，道路と道路が合流する地点にラウンドアバウト（Roundabout）と呼ばれる信号の無いロータリーが設けられていることが多い。直角に曲がれなかった馬車の時代に考案された。一旦停止した後，必ず左折して（時計回りで）輪の中に進入するが，右側から来る既に中を走っている車に優先権があるので邪魔をしてはいけない。輪の中に入ると，目的とする道路が見つかるまで何度回っても構わない。1台も車が走っていないのにジッと赤信号で待つ無駄な時間は解消される。

公共交通では，鉄道のダイヤがいい加減との指摘がよくなされるが，最近は

かなり改善された。車内販売も貧相だったが、バージントレインの登場でこれもよくなった。それでも、10分程度の遅れはざらだし、乗車番線の情報が発車直前まで知らされず、列車の運行が突然中止になる、さらには乗車中、他の車両への移動を求められるなど、日本では到底考えられないようなことがしばしば起こる。

　それ以上に酷いのが、一般商店での店員の対応だ。どんなに混んでいても店員は「I am serving」一点張りで、客一人にしか対応しない。いくら客が列をなしていようが全く気にも留めず、時間が来たら食事に出かけるためレジを平気でクローズする。また商品知識に乏しく、何か尋ねてもピント外れの答えが戻ってきたり、時には返答に30分を要することもある。釣り銭の計算が暗算でできないことは日本でも既に知られたところだ。アフターサービスも劣悪で、電気製品等の修理も時間ばかりかかり、またすぐ壊れる。買うと故障ばかりで損だから、「貸しテレビ」という商売もあるほどだ。上流階級を除けば教育水準が低いこと、また職業教育が徹底していないことが原因だが、これらもまた、イギリスの見せる一面である。

3　ライフスタイルと嗜好

3-1　田舎暮らしが理想のイギリス人
●ガーデニング

　田園での生活に憧れるイギリス人の夢は、田舎で広い庭のある家に住み、庭いじり（ガーデニング）をして暮らすことだ。イギリス人は余暇を家で過ごすことを好み、ガーデニングは生活の一部であり、彼らのレクリエーションの大部分を占めている。「数時間幸せになりたかったら、酒を飲みなさい。数年間幸せを味わいたかったら、結婚しなさい。生涯幸せでありたかったら、庭いじりをしなさい」との格言があるほどに、イギリス人はガーデニングに情熱を傾ける。料理の才能がない代わりに園芸が得意だと揶揄されもするが、イギリス人は週平均4時間は園芸に親しんでいるとのデータもある。田舎には住めなくとも、郊外の住宅でも前庭と広い裏庭があり、前庭には花壇植栽に囲まれた芝生、裏庭にはキッチンガーデンと呼ばれる菜園がある。菜園は、第2次世界大

戦後の食糧不足対策として政府が国民に食用として野菜を育てるよう奨めたことがきっかけという。

ガーデニング好きのイギリス人は，イングリッシュガーデンの見学に出かけるのも好きだ。ある調査では，過去3か月以内にサッカーの試合を観に行った人は19%，ポップスのコンサートに出かけた人は17%なのに対し，ナショナルトラストが管理する庭園付き邸宅を訪れた人は39%に達したという[3]。また毎年開かれるチェルシーのフラワーショウには，全英から園芸好きが集まる。ガーデニングと並んで，ウォーキングもイギリス人の週末の楽しみだ。各地にパブリックフットパスと呼ばれる歩行者専用散策ルートが整備されており，家族づれや青年のグループがパンフレット片手に田園やマナーハウスを歩き巡る姿を多く見かける。

● **ナショナルトラスト**

自然好きのイギリス人だから，豊かな自然や田園風景を保護しようとする動きが生まれたのは当然ともいえる。世界で最初にナショナルトラスト運動が起きたのもこの国であった。ナショナルトラストは，産業革命の進展に伴う自然破壊を食い止めるため，1895年，弁護士のロバート・ハンター，婦人社会活動家のオクタヴィア・ヒル，湖水地方在住の牧師で詩人のハードウィック・ローンズリーの3人によって立ち上げられた。趣旨に共鳴する会員の会費と寄付で土地を購入し，人の手が加わらない自然の姿を保護しようとする運動である。創立10年目の会員数は500人余だったが，100年後の1995年には200万人を超えた。ナショナルトラストを有名にしたのは，ローンズリー牧師との交流を通して，『ピーター・ラビット』の作者ヘレン・ベアトリックス・ポター女史がこの運動の推進協力者になったことによる。自然保護思想に共鳴したポターは，1905年にニアソーリー村のヒルトップ農場購入を皮切りに，湖水地方の土地を次々と購入し，ナショナルトラスト運動の最大のスポンサーとなる。彼女の死後，その遺言で4000エーカーの土地や建物がナショナルトラストに寄贈され，今も日本はじめ世界中の観光客を集めている。

自然との共生を生活スタイルとするイギリス人は大の動物好きでもある。「シャイで人と話すのが苦手だから」，「スポーツを好むから」，あるいは牧畜民族の伝統等々理由は様々に指摘できるが，いずれも一面の真理を突いていよう。

特に彼らが好むのは，犬と馬だ。多くの家庭では家族の一員のように犬を飼い，王室はじめ上流階級には馬の愛好者が非常に多い。動物を取り上げたテレビ番組や新聞，雑誌の記事を毎日のように目にする。

3－2　アンティーク好きで，ボランティア活動に熱心な人たち
● 古いもの好き

　イギリスは伝統や継続性に拘り，古いものを大事にする国柄である。ギリシャやイタリアにも古い物が多いが，それは観光用だ。イギリスの場合は，日常生活において古い物が好まれ，尊ばれるのだ。古さを尊ぶ姿勢は，骨董（アンティーク）趣味に通じる。どの町にも必ず教会，パブと並んで骨董店（アンティークショップ）があり，ロンドン市内でもポートベローやカムデン地区では毎週骨董市が開かれている。

　在英当時，何気なくテレビを見ていたら，毎回各地を巡って地元の人が持ち込む骨董品の値踏みをする番組が偶々目に留まり，珍しさも手伝って結構楽しめた（BBCの「アンティークロードショー」）。イギリスでは人気番組だ。その時，日本でもこんな番組をやれば流行るだろうか，いや骨董品を持ち込んでくる人がそんなにはいないだろうから難しいかなと思ったが，帰国後，某民放で同じような企画のテレビ番組が始まり，高視聴率を誇っていることを知った。日本も，成熟社会に入ったためであろうか。

● ボランティア活動

　イギリス人は，ガーデニングや骨董品集めなど自分の趣味の世界に閉じこもって余暇を過ごすだけではない。それと同じようにボランティア活動にも精を出す。ノブレスオブリージェは貴族などが抱く階級倫理だが，弱者に手をさしのべようとする意識は階級を超えたものがある。現在の社会福祉にあたる救貧制度が既にチューダー朝の頃から実現していたように，国家の取り組みも早かったが，個人による慈善事業や有志による組織的な社会事業も古くから行われてきた。その代表が，年末の「社会鍋」で日本でもお馴染みの救世軍（the Salvation Army）だ。救世軍はメソディスト派の牧師ウィリアム・ブーズによって創設された救済組織が1878年に救世軍と改称されたもので，現在では世界90か国に広がる伝道組織である。国民の2/3が月に1度はボランティア活動に参

加するという調査もあり、組織に属しての本格的な活動ばかりでなく、寄付集めやイベントの手伝い、近所の不在者のためにペットの世話や買い物をする等細やかな支援活動が日常頻繁に行われている。

救貧、喜捨の奉仕活動に加えて寄付活動も盛んで、一人当たり月平均12ポンドにもなるという。寄付行為は税制面で優遇されており、教会の礼拝式などで古くから喜捨が行われてきた習慣も影響していよう。ボランティア活動や寄付行為に熱心なのは、高位階級と見なされたいとの願望や一種のファッションに過ぎないとの批判もあるが、それだけでは説明し尽くせない国民的な熱意を感じる。国民倫理と宗教倫理の一体化がなさしめるのであろう。この国では、公設の美術館や博物館の入場はほとんどが無料だが、政府からの補助金だけでは賄えず、入口に寄付金を集める箱や壺が置いてある。日本人はただで入館できてラッキーと喜んだり、さすがは大英帝国と感心したりするが、人目につかぬ所でも、さりげなく寄付をしているイギリス人の姿や、寄付金で募金箱が溢れている様子も見逃さないでもらいたい。

3-3 賭博好きが作った大英帝国：形無きものへの好奇と冒険精神

イギリス人は博打好きであり、また謎や推理が大好きな民族でもある。ギャンブル好きで、様々な賭け事に手を出すし、推理小説や幽霊話等をこよなく愛し、その手の映画や本を読むのが好きなのだ。人生や人間の運命を含めて、この国の人々は目に見えない無形のものに対する好奇心や挑戦心、あるいは先を読み取ろうと推理を働かせる意識が非常に旺盛である。

本来、自由主義原理に基づく近代資本主義は、投機や投資といったギャンブル的な性格の強いシステムであり、ギャンブル的な精神があったればこそ、この国で資本主義も花開いたのである。チューダー朝のイギリスでは、新大陸から戻るスペインの船を襲いその宝を横取りする私掠船が横行したが、これはドレイクやクックといった民間人の純然たる私的活動などではなく、背後に国家が控えた一大プロジェクトであった。海賊活動を行う船長が勧進元として事業を企画、これにエリザベス女王を含む王室や貴族、冒険商人らが共同出資する格好で参加、パトロンとなり、掠奪の分け前に与ろうとしたのである。海賊への投資という成否の極めて不安定な事業に何度も金を出すのは、ギャンブルと

変わらぬ投機性の高い行為にほかならない。そもそも海の遥か彼方には魔物や化け物が住むと信じられていた時代に、外洋へと乗り出したこと自体が、ギャンブルであったともいえる。

　しかし、イギリス発展の礎をなしたのは、博打好きや推理好き、上品な言い方をすれば、先のわからぬ未知のもの、見通せない運命や将来に強い関心を寄せるその国民性である。安定化路線だけを歩いて、世界帝国を築き上げたわけではないのだ。謎や未知のものに対する好奇心の強さや冒険精神が遠隔地交易や海外進出を、推理を好み投機を嫌わぬ国民意識が資本主義を、それぞれ活発化させた。さらに形の見えぬ物や未知の世界に挑む国柄は、情報の重要性を身を以て学び、情報に強い拘りを見せる国民気質を育んだ。投機性についていえば、時間と暇を持て余した貴族が気晴らしに狩猟やスポーツと並んで頻繁に賭博をしたことが大衆に広まったという見方もある。この国で盛んなスポーツも博打も、その源はいずれも貴族に遡れるというわけだ。

　では、ギャンブル好きのイギリス人がどのような博打を好むかといえば、それはありとあらゆる賭け事ということになる。競馬をはじめドッグレースやサッカーくじ、ビンゴ等々様々な賭博が行われており、ブックメーカーあるいはベッティングショップと呼ばれる政府公認の賭博屋（胴元）が町のあちこちに店を出している。彼らは伝統的な博打に限らず、プロ・アマ問わずすべてのスポーツの勝敗や国内外の選挙結果、さらにはノーベル賞受賞者予測など世の中のあらゆる出来事、森羅万象を賭け事の対象にする。

● 競　　馬

「社会全体が一大賭博場の観をなしてい」る（夏目漱石）イギリスで最も人気のあるギャンブルといえば、それは競馬である。イギリスにおける競馬の歴史は古い。第3回十字軍遠征の際、リチャード1世が長期の戦争に耐える良馬を求めて王室競馬を行ったのが始まりといわれる。16世紀には貴族が自分の持ち馬を走らせて競走させるスポーツとしての競馬が盛んになり、17世紀には初の公式レースが始まった。歴代の国王も競馬を保護し、18世紀初めには、競馬好きで有名なアン女王がウィンザー近くのアスコットに王室所有の競馬場を設けロイヤルアスコットが開催されたほか、世紀末にはダービー伯爵らによってエプソムの競馬（ダービー）も始まった。以後、競馬は国民的なギャンブルとし

て発展していく。

　日本の常識では理解しづらいが，発展の経緯からわかるように，競馬は本来，王室を含む上流階級の娯楽であった。毎年6月の第4週に4日間開催されるロイヤルアスコットには，着飾った上流階級の紳士淑女ばかりでなく，女王陛下や王室関係者も馬車で競技場を訪れる。映画「マイ・フェア・レディ」にも登場するが，アスコット競馬はウィンブルドンのテニス，オックスフォードで7月に行われるヘンリー・ロイヤル・レガッタ（ボート）とともに，貴族の優雅な社交の場なのである。

　競馬以外では，サッカーくじ，ビンゴ，それにもとはアメリカ生まれのドッグレースなどに人気があるが，変わり種としてはその昔流行った熊いじめがある。中世から近世にかけて行われた見せ物的色彩の強いギャンブルだが，杭に鉄の鎖で繋がれた熊に犬をけしかけて戦わせ，どの犬が最もよく奮戦したかを賭けるというもの。熊を集めることが難しいので，牛で行う牛いじめもあった。現在のイギリス人は動物愛護の国民で通っているが，一昔前に遡れば，貴族が狐狩りを好んだと同様，庶民も動物虐待に勤しんでいたのである。

●怪奇現象とネッシー騒動

　推理好きについては，シャーロック・ホームズ（コナン・ドイル）やミス・マープル（アガサ・クリスティ）の名を挙げるだけで十分だろう。推理小説や探偵小説のジャンルを確立させたのは，イギリスである。謎解きは探偵の活躍だけに留まらない。この国に起こる謎や怪奇現象に，イギリス人は子供だけでなく立派な大人も多大な関心を抱き，いわば国民すべてが探偵になった気分で謎解きを楽しむのである。謎を解くというよりも，不可思議な現象の存在それ自体を楽しんでいるといった方が正確だろう。

　この国で最も有名な怪奇現象といえば，誰もがネス湖の怪獣，ネッシーを思い浮かべるだろう。ネス湖はスコットランドの町インバネスから南に10km。長さ40km，幅が概ね2kmの細長い湖である。この湖に怪獣が住むという伝説は古くからある。565年，アイルランドの修道僧，聖コロンバの一行がネス湖を通りかかった時，突如怪獣が姿を現し一行を襲おうとしたため，聖コロンバが十字架を掲げたところ，怪獣は湖中に姿を消したという。その後も何度かの目撃談が語り伝えられているが，1933年にネス湖周辺に道路が完成するや，ドライ

ブ中に怪獣を見たという証言が俄かに増加する。そして翌年には，産婦人科医師のロバート・ウィルソンが撮影した怪獣の写真が『デーリーメール』紙に掲載され，大きな反響を呼んだ。写真には首長竜のような巨大生物が海面から頭を持ち上げている姿が映っており，一躍ネッシーは世界的に有名となる。1960年には，コブのような塊りが湖面を左右に移動するムービーカメラの映像が公開され，また３年間ストロボ・カメラによる湖中撮影を続けたアメリカの調査団は，巨大な動物のヒレらしき写真を1975年に発表している。

しかし，ネッシーの存在を証明できそうな物的証拠は，これだけである。最深部が230ｍとネス湖がイギリスで最も深い湖であること，川からピート（泥炭）が流入するため水が濁っている（水中視界は４〜５ｍ）ことが探査を妨げ，水面下を巨大な塊が高速移動したとのソナー反応の報告が1982年に寄せられて以後，めぼしい成果は上がっていない。しかも94年３月には，1934年の写真が偽物であったとの衝撃的な事実も明らかになった。「写真は潜水艦のおもちゃに模型をつけたトリックであった」とウィルソン医師に偽写真撮影を頼んだ人物の義理の息子が死の間際に告白した旨新聞が報じたのだ。バブルの頃には，日本も調査団をネス湖に派遣しようと動くなど関心が高まったが，94年の報道あたりを境にネッシー騒動は下火となる。

もっとも，イギリスのネッシー報道にはエイプリルフールの騒ぎにも似た側面があることを見落としてはいけない。明らかに嘘とわかっているニュースにわざと驚いて見せて，その騒ぎを楽しむというこの国の人たちの精神的なゆとり，ユーモア感覚がネッシー騒ぎからも伝わってくるのだ。真剣にネッシーの存否について論議を戦わせる人たちも中にはいるが，多くのイギリス人は，学術研究宜しく白黒をはっきりさせようと向きになることはない。彼らは，謎の存在そのものを楽しんでいるのである。謎好きの国民性は，真理探究や冒険心だけでなく，イギリス人の遊び心からも育まれているということだ。

南北に長い湖の真ん中あたりの湖畔に，ウルクハート城址がある。ここがネス湖観光の，そしてネッシー観察のスポットで，多くの観光客が訪れる。近くにはネッシー博物館もあり，セメント製の怪獣模型が迎えてくれる。日本の観光地ほどには俗化していないが，それでもネッシーのおもちゃや書籍，DVD等々ネッシーグッズがずらりと並んでいる。ネス湖は，気候寒冷な場所に位置

することに加えて，巨大生物が長い年月にわたり生存を続けられるだけの餌になるような魚もほとんど住んでいない寂しい湖である。初めてネス湖を訪れた際，ここに巨大な怪獣など絶対に住めないことを直感，確信したが，謎好きのイギリス人にとって怪獣ネッシーは，永遠の存在であり続けだろう。

●幽霊大好き人間

ネッシー以外にも，レイライン（古代遺跡が連なる聖線で地下エネルギーが通る）や麦畑に出来る不思議な模様のコーンサークル（クロップサークルともいう。日本では一般にミステリーサークルと呼ばれている），ストーンヘンジ等謎は数多あるが，そのほかにも魔女や魔法，それに幽霊も好まれている。魔法はハリーポッターで我が国でもすっかりお馴染みになったが，イギリス人の幽霊好きも特筆に値する。

ロンドンでは，市内の幽霊の出る名所をガイドが案内する幽霊ツアーが頻繁に催されている。古都ヨークは「1km²当たりの幽霊人口密度が世界一」ともいわれるほど幽霊が町に溶け込んで（？）いる。少女が撮ったという妖精の偽写真を，コナン・ドイルが死ぬまで本物と固く信じていたという話もある。[5] イギリスの幽霊は人に危害を加えず，人々も幽霊を敬愛する。「幽霊の質でその街の価値が決まる」といわれるように，幽霊はその街のシンボルでもあるのだ。イギリス人の幽霊好きは，歴史や伝統，故事来歴を好む国民性も影響している。幽霊を介して過去にタイムスリップし，あるいは過去と現代を直結できる感覚が魅力なのであろう。それゆえ，数百年，千年前から出続けている幽霊が多いのもイギリス幽霊の特徴だ。

●家庭教育と躾け

貴族の家庭では，「執事」が家内の雑事を取り仕切っていた。また貴族の女性は社交に明け暮れ子供を自ら養育することは希で，母親に代わってナニーと呼ばれる乳母が育児や子供の躾一切を担当し，この習慣は中流上位階級にも広がっていった。大人の時空間に子供が入り込むことを嫌う国なので，子供は両親と一緒に食事はとらず，子供部屋でナニーに食事作法を教えられながら済ますことが普通だった。ナニーの多くは住み込みで，専用の一室をあてがわれ，子供の着替えや入浴，日中の散歩から遊び相手まで24時間にわたり子供の世話に当たった。

最近は住み込みのナニーこそ減少したが，通いのナニーを雇う中流階級以上の家庭は結構多い。ただし，直接子供の世話をしてないからと親が引け目を感じ，子供を甘やかすようなことはない。子供に対する躾は厳しい。子供だから無理をいうのは当たり前と子供のいいなりになる親もいない。人前で騒いだり，落ち着きのない行動を取らぬよう厳しく躾けられる。体罰が加えられることもままある。躾の厳しさはナニーも同様だ。映画「メリー・ポピンズ」や「ナニー・マクフィーの魔法のステッキ」を見れば，ナニーが子供に優しい日本的な乳母とはかなり違っていることが理解されよう。

　もっとも，幼児の時の躾は厳しいが，子供も成人になれば親と同居することもなく別々に暮らすのが一般的だ。親が子に甘え子が親のすねをかじるという関係ではない。イギリス人は大の犬好きで，ペットを非常に大切に扱い，動物虐待行為など断じて許さないが，ただ犬を飼い始めたばかりの頃は，家庭内の家族の序列ややって良いことだめなことを，時に腕力を振るってでも厳しく教え込むものだ。両者には何か共通項があるようにも思えるのだが。

● 注釈
1）「我が家が階級の梯子を上がっていることを示す兆候を見つけた。子供の頃は，お昼にディナーを食べ，夜の早めの時間にティーを食べた。これは労働者階級の言い方だ。でも，僕が高校を出る頃，我が家は中流階級の仲間入りをしていたのだろう。昼食はランチ，夕食はディナーと，中流の言い方をするようになっていた」コリン・ジョイス『『イギリス社会』入門』森田浩之訳（NHK出版，2011年）20頁。
2）滝口明子『英国紅茶論争』（講談社，1996年）21頁。
3）アンドリュー・ロゼン『現代イギリス社会史』川北稔訳（岩波書店，2005年）9頁。
4）ポール・スノードン他『イギリスの社会』（早稲田大学出版部，1997年）91頁。
5）井形慶子『生活大国イギリスの知られざる習慣』（大和書房，2003年）195～196頁。

● 参考文献
[食生活・食文化]
林望『イギリスはおいしい』（文藝春秋社，1995年）
小林章夫『パブ』（講談社，1992年）
石原孝哉他『ロンドン・パブ物語』（丸善，1998年）
[生活環境]
加藤節雄『イギリス生活事典』（白馬出版，1993年）

トニ・マイエール『イギリス人の生活』大塚幸男訳（白水社，1991年）

[ライフスタイルと嗜好]

秋島百合子『メリー・ポピンズは生きている』（朝日新聞社，1991年）

小林章夫『賭けとイギリス人』（筑摩書房，1995年）

山本雅男『ダービー卿のイギリス』（PHP研究所，1997年）

木原啓吉『ナショナル・トラスト』（駸々堂，1998年）

石原孝哉『幽霊のいる英国史』（集英社，2003年）

終章　日本とイギリス

1　日英関係史

● 日英の接触

　日本を初めてヨーロッパに紹介したマルコ・ポーロの『東方見聞録』の英訳本が出版されたのは1597年だが，日英の直接接触が始まるのもこの頃である。1600年に豊後（現在の大分県）に漂着したオランダ船リーフデ号の水先案内人ウィリアム・アダムズが，日本に来た最初のイギリス人とされる。家康の知遇を得て日本橋に住居，相模国三浦郡にも屋敷と250石の報酬を与えられ，三浦按針と名乗り，造船，航海技術の伝授や外国人との交渉の任に当たった。

　1600年という年は，オランダに遅れまいとイギリスが東インド会社を設立し，アジア貿易の拡大に動き出した年でもあった。1613年には同社から派遣されたジョン・セイリスのクローブ号が平戸港外に到着する。彼は日本との通商を求める国王ジェームズ1世の親書を携えており，これが公的な日英交流の始まりとなる。按針の奔走もあり，家康の許可を得てセイリスは平戸に英国商館を開設，江戸，大坂，長崎，堺，駿府，京都等に支店や代理店を置くことも許された。帰国するクローブ号に同乗した15人の日本人水夫は1614年から翌年にかけて3か月程滞英し，うち11人が帰国を果たした。なお16世紀末に二人の日本人がロンドンに滞在した記録があり，恐らくはこちらが最初にイギリスの地を踏んだ日本人と思われる。イギリスに好意的な家康が死ぬと，秀忠は日英貿易を平戸のみに制限した。イギリスがオランダとの貿易戦争に敗れたこともあり，以後日英貿易は奮わず，1623年に平戸商館は閉鎖された。さらに鎖国令が出て，以後200年にわたり日英関係は断たれる。

●幕　末

　19世紀，欧州の動乱が日本近海にも波及し，1808年にはフェートン号事件が起きた。英船フェートン号がオランダ船を偽り不法に長崎に入港し，オランダ商館員を人質にした上，幕府役人を威嚇して薪水，食糧を提供させて退去した事件である。ペリーが浦賀に来た翌年（1854年），ロシア艦隊を追撃中の英極東艦隊の軍艦4隻が長崎に現れ，スターリング司令官と長崎奉行の間で約定が結ばれ，英船は長崎，函館2港で燃料・食糧の補給を受けることになった。1858年にはインド総督エルジンが江戸を訪れ，アメリカと同様の修好通商条約を幕府と結び，国交が樹立された。日本はイギリスに兵庫，新潟等5港2市を開き，治外法権や最恵国待遇を与えた。英政府は広東領事のオールコックを初代の駐日総領事に任命し，翌年，オールコックは高輪の東禅寺に仮公使館を開いた。

　しかし攘夷派浪士によって東禅寺は2度も襲撃され，御殿山に建設中の英公使館も焼き打ちに遭う。さらに島津久光の行列前を横切ったイギリス人を殺害した生麦事件も起きる等世情騒然の時代であったが，オールコックは外交官職の傍ら日本各地を旅して見聞を広め，帰国後に出版した『大君の都』は日本紹介の初の本格的な作品となった。パークスに仕えたアーネスト・サトウが著した『一外交官の見た明治維新』や彼の手紙，日記等も当時の日本を知る貴重な資料である。またオールコックは5人の長州藩士をロンドン大学ユニヴァーシティ・カレッジに留学生として送り込むなど日英交流にも事績を残した。幕末までの海外留学生総数は153人，うちイギリスで学んだ者は49人でアメリカに次ぎ，ヨーロッパではトップであった。[1] 1862年には竹内下野守保徳の率いる幕府遣欧使節が初めてイギリスを訪れるが，その中に福沢諭吉もいた。一行はロンドンをはじめニューキャッスル，バーミンガム，ポーツマス等を視察，のちに福沢はこの訪欧体験を基に『西洋事情』や『文明論之概略』を著し，イギリスの政治，思想，制度を広く日本に紹介している。

　オールコックの後を継いだ2代目公使パークスは，1865年から18年間も日本に駐在し，幕府の崩壊と新政府樹立に大きな役割を果たした。彼は幕府支持のフランス公使ロッシュに対抗し，いち早く薩長支援の姿勢を示し，江戸無血開城にも貢献した。大政奉還後，新政府承認の諾否を巡り各国外交団の間で論議が起きたが，彼の努力で明治政府は列国の承認を得ることができた。新政府を

一番最初に承認したのは，パークスのイギリスである。

● **明治新政府とイギリス**

　新政府発足直後の1872年7月，岩倉使節団がイギリスを訪れた。岩倉使節団とは，1871年から1年9か月にわたり米欧に派遣された「特命全権大使遣欧使節団」のことで，使節団長を務めた岩倉具視の名前を取り，俗に「岩倉使節団」と呼ばれる。木戸孝允，大久保利通，伊藤博文ら政界要人に中江兆民，団琢磨や津田梅子ら留学生を加えた一行107人は，アメリカを皮切りに英仏独等12か国を回った。不平等条約改正に向けて各国と予備交渉を行うのが派遣の本旨であったが，列強の実情を具に観察し日本近代化の資を得る目的も含まれていた。

　さて，リバプール経由でロンドンに到着した岩倉使節団は，ロンドン，リバプール，マンチェスター視察を経てスコットランドへ向かう。その後，再びロンドンに戻り，11月にドーバーからカレーに渡りフランスに入るまでの122日間，一行は政治制度をはじめイギリスの国家運営システムや，産業革命の成果といえる近代的な工場や造船所等の産業諸施設を実に幅広く見て回っている。随員久米邦武が著した『米欧回覧実記』からは，イギリス発展の秘密を探ろうする一行の情念が伝わってくる。

　人を送り出す一方，新政府は近代化を進める助っ人として，イギリスから多くの専門家や技術者を招聘した。明治7年当時の"お雇い外国人"国籍を見ると，総計503人中イギリスが269人とダントツの1位で，工部省，文部省，海軍省が多くのイギリス人を雇っている。[2] 近代海軍の建設を急ぐ日本海軍は1870年に英国式に軍制を統一し，ダグラス中佐をはじめイギリス人の教官や技師，船舶設計者，造船工を招聘するとともに，優秀な若手をイギリスに派遣・留学させた。日本海海戦を勝利に導いた東郷平八郎やその参謀秋山真之もともにイギリス留学・駐在組であった。また日清戦争で活躍した日本海軍の軍艦の多くはニューキャッスルで建造されたもので，その日本海軍を通してイギリス料理も国内に普及し，シチュー，ポークカツ，ビーフカツ，カレーライス，ハヤシライス等日本的に変形した洋食文化が芽生えた。渡日した多くのイギリス人の中には，日本アルプスの名付け親で，日本考古学の父とされるウィリアム・ゴウランドもいた。グラバー邸に名を残すトーマス・グラバーは，スコットランド

出身の実業家。東大工学部の前身，工部大学校を開設し，日本の工業教育及び工業の基礎を築いたヘンリー・ダイアーや横浜港湾施設を造り上げた技師たちも，当時重工業で世界最先端を走っていたスコットランドの出身であった。彼らの貢献で軍事，鉄道，通信，土木，建築，造船等多くの分野でイギリスを範とする我が国の近代化が進んだ。1891年には、日本に関心を持つ学者や外交官らによってロンドンに日本協会（The Japan Society）が作られ、日英の民間交流も始まっている。

● 日英同盟

1894年に日清戦争が勃発したが，イギリスは局外中立を宣言し，その世論も日本に好意的であった。この年，日英通商航海条約が結ばれて領事裁判制度が撤廃された。日本の東アジアにおける国際的地位を重視したイギリスが条約改正に応じたもので，以後，列国がこれに続き，不平等条約の一部撤廃が実現する。日清戦争後，日本は露独仏の三国干渉を受けたが，イギリスはこれに荷担せず，むしろ三国の動向について日本に情報提供するなど友好的であった。

そして，極東におけるロシアの野心が表面化するや，これに対抗すべく1902年に日英同盟が締結される。条約の内容は，締結国が他の1国と交戦した場合は同盟国は中立を守り他国の参戦を防止すること，2国以上との交戦となった場合には同盟国は締結国を助けて参戦することを義務づけるものであった。「名誉ある孤立」政策を捨て，イギリスが敢えて極東の小国日本と同盟を結んだ背景には，ボーア戦争の泥沼にはまり，自ら極東におけるロシアの膨張を阻止する力を失った事情が指摘できるが，覇権大国と対等な同盟を結んだ日本は，日英同盟を大歓迎で迎えた。当時ロンドンに留学中だった夏目漱石は，醒めた目で同盟締結を受け止めているイギリスと熱狂を以て迎えた日本を比較し，慨嘆する手紙を書き送っている。

同盟締結から2年後に日露戦争が勃発。イギリスは表面的には中立を装いながら，情報提供や露海軍への協力拒否で日本を大いに助けた。戦費調達でもイギリスは協力的だった。ロンドンに赴いた日銀副総裁高橋是清は，弱小国日本に関心を示さない当地の銀行家を説得して回り，苦労の末に日本国債の販売に成功する。英米の支援もありロシアとの戦いに辛勝した日本は，日英同盟を延長する（1905年）。第2次日英同盟では，イギリスのインドにおける特権と日本

の朝鮮に対する支配権を認め合うとともに，清国に対する両国の機会均等が定められた。1910年にはロンドンで「日英博覧会」が開催され，大相撲が披露されるなどイギリス人の対日興味も高まった。

● **中国・太平洋をめぐる日英の衝突**

しかし，ロシアの脅威低下に伴い，イギリスにとって日英同盟の価値は低下していく。対露関係を改善（英露協商）し，イギリスはドイツの脅威に備える。日本の経済発展を警戒し始めたアメリカも，この同盟を嫌うようになった。日米戦が起きた場合，アメリカはイギリスを敵に回さねばならなくなるからである。第3次の日英同盟（1911年）では，アメリカが交戦国の対象から外された。

1914年，第1次世界大戦が始まり，日本も参戦した。イギリスは東シナ海におけるドイツ仮装巡洋艦撃破を日本に期待したが，アジアの権益拡大を狙う日本は，軍事行動を海上作戦に限定するよう求めるイギリスの要請に従わず，陸軍は山東省にあるドイツの根拠地青島を，海軍はドイツ領南洋諸島を占領した。他方，欧州への兵力派遣に日本は消極的だったが，英側の強い要請を容れ，海軍は12隻の駆逐艦を地中海に派遣し，ドイツ潜水艦の掃討や輸送船団の護衛に当たった。さらに日本は21か条の要求を中国につきつけ，英米の反発を買うことになった。

大戦後のワシントン会議で日本は英米仏と四か国条約を締結し，それに伴い日英同盟は破棄された。日英の特殊取極は国際連盟の集団安全保障理念と両立しえないというのが名目であった。日本は更新を望んだが，アメリカの意向や露独の脅威が消滅しイギリスも条約の必要性を認識しなくなったためだ。その結果，日本は現状維持勢力との絆を失うことになった。同じ年に結ばれた海軍軍縮条約で米英日の主要艦保有比率が5：5：3とされ，日本の軍部には不満が残った。また日本海軍を牽制する目的で，1921年イギリスはシンガポールに海軍基地の建設を決定する（1938年完成）。それでもワシントン体制の下で東アジア情勢は安定的に推移したが，中国市場を巡る日本と英米の対立は次第に先鋭化する。満州事変勃発後，国際連盟はイギリスのリットン卿を長とする調査団を編成し，事変の究明に動いた。リットン報告書作成に当たりイギリスは日中両国に対し慎重で中立的な立場を採ったが，日本軍が万里の長城を越えて熱河に侵攻したため国際連盟は対日批判を強め，反発した日本は連盟を脱退する。

改訂された帝国国防方針（1936年）では，初めてイギリスが日本の仮想敵国に組み込まれた。日中全面戦争が始まるや，蒋介石政府を支援する英米両国と日本の関係はさらに険悪となった。

　第2次世界大戦が始まると，日本軍は南部仏印に進駐，これに抗してイギリスは，アメリカとともに対日経済制裁に踏み切った。41年12月，太平洋戦争が勃発，日本軍は石油はじめ鉱物資源の豊富な蘭印，マレー半島に進撃を開始した。12月10日には，英東洋艦隊の主力艦プリンス・オブ・ウェールズとレパルスを海軍航空部隊が撃沈した。イギリスの重要拠点香港は12月25日，シンガポールも42年2月に日本軍に占領され，シンガポールは昭南島と改名された。一連の敗北は，アジアに君臨していたイギリスに大きな衝撃を与えた。援蒋ルートの遮断を目指し日本軍はビルマを占領し，インド東部にも歩を進めた。だが英軍の猛反撃に遭い，日本軍はビルマから撤退，戦局も次第に悪化していった。シンガポールの屈辱的な敗北や，フィリピンのバターン要塞陥落後，炎天下の長距離移動を強いられ多くの英兵捕虜が死亡したこと，さらにタイ・ビルマを結ぶ泰緬鉄道の建設における英兵捕虜の使役問題などが，戦後イギリスの対日意識に深い影を落とすことになった。

●戦後の日英関係

　太平洋戦争に敗れた日本は，戦後，アメリカの強い影響下に置かれた。他方，勝者とはいえ覇権国家の座をアメリカに譲ったイギリスの力は後退し，アジアでの存在感も急速に失せていった。そのため戦後の日本社会でのイギリスの存在感も，明治～昭和前期に比べて非常に小さなものとなった。敗戦後，連合国の一員として，英本国や豪，印，ニュージーランドからなる英連邦軍が中国地方（広島，岡山）に進駐，またイギリスは天皇の戦争責任や新憲法制定，講和問題等で一定の影響力を行使したが，アメリカ（マッカーサー）の影に隠れることが多かった。1951年に平和条約が結ばれ，日英関係は修復された。戦後イギリスが推進した社会保障政策は日本でも関心を集め，我が国の目指す理想国家と受け止められた。1962年には日英通商航海条約が結ばれ，貿易・経済関係も次第に活発化する。しかし，1960年代に入り日本が目覚ましい経済復興を遂げたのに対し，イギリス経済の衰退は進み，70年代には「英国病」という言葉も流布した。観光や文化を除けば，日本の対英関心は急速に失われ，「もはや

終章 日本とイギリス 169

イギリスに学ぶもの無し」の風潮が強まった。

　そうした折、自国経済の再生に日本企業を取り込むべきとの考えがイギリスで生まれた。かつて石炭、鉄鋼、造船等重工業で栄えたが、戦後衰退し、高い失業率の続くイングランド北部のヨークシャーやウェールズへの日本企業進出を促すべく、法人税の軽減や土地の無償提供等様々な企業誘致策が採られた。貿易黒字による対日批判を和らげる必要もあり、1972年には大企業として初めてYKKがイギリスに進出した。74年には日本精工がベアリング工場をイングランド北部ダラム州のピータリーに建設すると発表、76年から現地での生産が開始された。日本精工の進出を契機に日本企業のイギリス進出は活発化し、70年代後半から80年代初めにかけてコマツや大日本インキ等がイングランド北東部に工場を建設、YKKも北部タインアンドウェア州のワシントンに新たな生産拠点を設置した。

　79年に保守党政権が誕生すると、サッチャー首相自ら訪日してアピールするなど日本企業の誘致熱に拍車がかかった。その結果、1984年にはタインアンドウェア州サンダーランドの旧空港跡地に日産の工場建設が決定し、86年には現地でブルーバードの生産が開始された。以後、労働争議の沈静化や法人税引き下げ措置等が効果を上げ、日本企業は続々と生産拠点をイギリスに設ける。日本の対英投資は85～90年の5年間で28倍に急増。日産やトヨタ等大企業が進出し、90年には日本の全欧州投資総額（110億ドル）の半分以上（56億ドル）がイギリスに集中した。進出当初は地元英企業の反対や、職を奪われるのではないかとの地元の警戒心、あるいは日本的労使慣行に慣れない現地従業員と日本人幹部との軋轢等問題も多かったが、現地に溶け込もうとする日本企業の努力もあり、次第に日本企業の活動はイギリス社会に受け入れられていく。[3]

　そしてバブル経済の時代には、製造業だけでなく日本の銀行・証券等金融機関も挙ってシティに進出、1988年には日本の対英投資企業数は100を越え、翌年には一挙に日本企業50社が対英進出した。EU諸国の中でイギリスは日本にとってドイツに次ぐ貿易相手国であり、最大の対外投資国である。イギリスにとって日本はEU域外ではアメリカに次ぐ貿易相手国になった。円高に後押しされてイギリスを訪れる日本人観光客の数も急増した。筆者が滞英していた1993～95年頃、ロンドンのピカデリーサーカス周辺は連日、日本人観光客で溢

れ，紅茶の老舗ハロッズの扉を開けると，店員以外のイギリス人や外国人客は見当たらず，客のほとんどが日本人で占められていた。日本人観光客を目当てに日本のデパートも続々と進出，シティではノムラやスミトモが幅を利かせていた。日本人は金でイギリスを買い取ろうとするのかとの揶揄も囁かれた時代であった。

　しかし悪いことばかりでなく，日英関係を新たなステップに格上げさせる動きも生まれた。日本企業や在英日本人の増加は，経済だけでなく日本文化への関心も高めたのだ。1991年と2001年には「日本祭（ジャパンフェスタバル）」が開催され，イギリス人の関心を集めた。サッチャー首相が日本の安定的な労使関係や高い勤労意欲を評価したことも影響し，狭義の日本文化に留まらず，中間層の厚い日本の社会構造や独自の労働慣行，マネージメント技術等日本に対する幅広い興味や関心も芽生えた。それまでの日英文化交流は，日本の対英関心のみが突出した一方通行だったが，初めてそれが双方向化し始めたのである。

　しかし，冷戦が終わると同時に，日本経済のバブルも弾ける。長い不況に襲われた日本の金融機関はイギリスから撤退，日本人観光客も激減した。さらに中国の台頭で，イギリスでも日本ブームは去り，中国志向が年々強まった。日本の対英関心も，またイギリスの対日関心の度合いも，ともに史上最低の水準に低下したのである。そうした中で東日本大震災が発生（2011年），この時，英日曜紙『インディペンデント・オン・サンデー』は1面に日の丸のデザインとともに，日本語で「がんばれ，日本。がんばれ，東北」の見出しを掲げ，日本及び日本人を激励した。3月13日付同紙は1面から7面までを震災報道に割き，日本の現状と将来に関する詳細な情報をイギリス社会に提供し，日本に目を向けようと喚起して注目された。

　その後，日英の関係が再び強まりを見せるようになった。EUから離脱したイギリスが欧州に代わる新たな国際パートナーを必要とすることや，中国の脅威が俄かに高まったことが背景にある。ジョンソン政権は対中強硬政策を打ち出すとともに，国際社会でのイギリスのプレゼンスを高める「グローバルブリテン」構想に基づき，2021年3月，新たな国家戦略「統合レビュー」を発表，アジア太平洋地域との関係強化の方針を打ち出し，特に日本を重視し，我が国との政治・経済，それに安全保障面での協力を深める考えを示している。

●王室の交流と影を落とす戦争責任問題

　戦後，日英両王室の交流も重ねられた。1953年のエリザベス女王の戴冠式には日本の皇族を代表して皇太子明仁親王（今上陛下）が出席，1971年には昭和天皇・皇后両陛下が訪英された。1983年から85年にかけて，皇太子浩宮徳仁親王がオックスフォード大学に留学され，98年には今上天皇・皇后両陛下も訪英された。英王室からも，75年にエリザベス女王と夫君のエディンバラ公が，86年にはチャールズ皇太子とダイアナ妃が訪日されたほか，1989年の昭和天皇大喪の礼にはエディンバラ公が，翌年の天皇即位式典にはチャールズ皇太子夫妻がそれぞれ訪日されるなど両王室の交流が重ねられている。

　ただ，日本の皇室が訪英する度に，日本の戦争責任を問う声が日本軍の捕虜となった体験を持つ退役軍人から挙がった。エリザベス女王戴冠式に参列した明仁親王は反日感情の強い地方の訪問を中止され，昭和天皇及び今上天皇訪英の際には，退役軍人らの訪英反対運動はじめ，戦争責任を問い，あるいは謝罪を求める抗議デモも相次いだ。大喪の礼へのエディンバラ公派遣にも反対意見が叫ばれた。捕虜体験を持つ元将兵は，昭和天皇の戦争責任を問うべきだと考えており，先の大戦に対する日本の反省や謝罪が希薄だと強い憤りの感情を抱いている。

　滞英中，退役軍人の戦勝記念行事等に何度か遭遇した。彼らの行動や目の輝きから，国家に貢献した強い満足感と自負の意識が窺えたが，同時に，普段日本人に向けられることのない鋭く刺すような目線や，息が詰まる重苦しい雰囲気を記憶している。捕虜当時，牛蒡の食事を「日本人から木切れを食べさせられた」と憤る等文化摩擦や誤解も多いが，非人道的な日本軍の捕虜施策，それに，世界最強の国がアジアの後進国に敗北したという認めたくない事実が生み出した日本への憎悪の心情——それは大英帝国の高いプライドの裏返しでもある——が，強烈な反日感情となって戦後もイギリス社会の根底で生き続けてきた。最近は戦争体験者の数も大幅に減ったが，戦争をめぐる反日感情がこの国から姿を消すことはあるまい。日本人は何でも「水に流す」が，イギリスという国が歴史や民族の継続性を重視する国であることを我々は忘れてはならない。

2 高まるイギリス研究の意義と必要性

　先の大戦の敗北以来、日本はアメリカとの関係を軸に生きてきた。外国といえばアメリカ、アメリカの文化や思想、生活習慣がイコール西洋民主世界の標準形とされ、日本人が学び取る目標とされた。戦中は圧倒的な戦力や物量を見せつけられ、戦後は豊かな食生活と夢のような電化生活に日本人は度肝を抜かれた。またフランクで陽気、コミュニケーションを重ね易いアメリカ人の国民性も好感を持って迎えられ、国民も国家もすっかりアメリカにばかり目を向けるようになった。反対に、明治以来、日本人が諸外国の中で最も重視してきたイギリスへの関心は急速に低下していった。

　しかし、アメリカのスタイルが西洋社会の基準であるはずもなく、むしろそれは西欧文明が生み出した鬼っ子でさえある。また同じ海洋国家とはいえ、日本とアメリカの国力の開きは余りに大きい。国際社会で果たしている機能や責任分担の格差も絶大だ。国家の成り立ちや社会構造、意識の違いも大きい。違いが大きいから、それに惹かれた面もあろう。世界国家のアメリカに関心を抱き、多くを学ぶことは極めて大切なことである。最近はそのアメリカへの関心さえも低下し、日本人の知的鎖国化という深刻な問題も起きている。ただ、衰退が論議され始めた現下の日本で、その再生や復興を考えるに際し、発展段階や身の丈の違うアメリカにだけ視線を送っても、満足いく解答を見出すことは困難だ。我々は、地政環境や国民性、国力等がより近類似したイギリスに今一度関心の眼差しを向けるべきである。

　大英帝国の隆盛期とは比べるまでもない程に、今のイギリスはその国力を縮小させた。しかし、衰退しつつある国だからこそ、日本の将来を考える上で目を離せない国なのだ。先進衰退国家イギリスは、勢いの落ち行く過程に足を踏み入れた日本の良き先輩である。成熟社会のあるべき姿を、この国は我々に提示してくれるからだ。もっとも、1世紀以上も前から衰退を指摘されながらも、イギリスは未だに国際社会で大きな影響力を発揮し続けている。1980年代、戦後日本が最も隆盛であった時ですら、イギリスの世界に与える影響力の大きさにはまるで敵わなかった。さらに重要な点は、イギリスが常に成長を続けてい

表 主要国の経済成長率[1]

(年平均, %)

	1950～55	1955～60	1960～68	1968～73	1973～79	1979～90	1960～90
アメリカ合衆国	4.2	2.4	4.5	3.2	2.4	2.6	3.2
日　　　本	7.1	9.0	10.2	8.6	3.6	4.1	6.3
ド　イ　ツ	9.1	6.4	4.0	4.9	2.3	2.0	3.1
フ ラ ン ス	4.4	4.8	5.4	5.4	2.8	2.1	3.7
イ ギ リ ス	2.9	2.5	3.0	3.4	1.5	2.1	2.4

(注) 1) 国内総生産（GDP）の成長率（実質）。
毛利健三編著『現代イギリス社会政策史1945～1990』（ミネルヴァ書房, 1999年) 40頁。

るという事実である。第2次世界大戦後、イギリスの平均所得は産業革命以来の如何なる時期よりも高い上昇率を示しており、1950年～1990年の間、ほぼ2％以上の経済成長率を維持している。他の先進国よりも成長率が低いから即衰退と片付けてしまうが、その実態はむしろ長期安定成長と呼ぶのが相応しい。数世紀にもわたり成長を持続させているこの国の凄さを、見誤ってはいけない。

一度頂点を過ぎれば、低落の一途を辿るだけとの安易な宿命論が孕む危険を教えてくれるのもイギリスなのだ。イギリスはサッチャー時代を契機に、経済の再生を果たした実績を持つ。国力縮小期においても、不断の努力と知恵が活路を開き、それが再びの興隆期を早め、あるいは高止まりの安定成長や国民生活の質向上へと繋がる。衰退の兆候が出始めたからと、狼狽えてはいけない。イギリス紳士の如く「慌てず焦らず、そして諦めず」が肝要だ。弛まず目立たず、粘り強く歩むジョンブル精神の国イギリスから、我々日本人が学ぶべきことは今も多い。

3 イギリスに学ぶ日本再生の鍵

日本がイギリスから学ぶべき第1の鍵は、イギリス人の気質、国民性に由来するものだ。それは、三つのKで纏めることができる。1番目のKは海洋性だ。日本もイギリスも島国だが、大陸との距離が近いイギリスの方が、日本よりも自らの海洋国家としての特性を明確に意識し、海外との交易、シーパワーの強化を発展の主軸に据えてきた。日本の場合、古代～飛鳥、室町～江戸初期、

明治と海洋性を前面に打ち出す時期もあり，かつその時代に繁栄を遂げたが，いつしか閉鎖孤立の環境に舞い戻り，鎖国的な国柄に陥る傾向が強い。海洋国家の資質を備えながら，実態は沿岸国家に甘んじてきた。国際国家を唱えながら，バブル崩壊後海外への関心や興味を無くし，今この国は再び鎖国状態に陥っている。外国との交易を通して繁栄の途を探らねばならない日本ならば，イギリスが打ち立てた自由貿易と航海自由の大原則を我が哲理と認識し，今一度海洋国家としての途に舵を取るべきである。

　二つ目のKは開放性だ。日本人だけのミクロコスモスを形作り，日本人には住みよいが，コスモポリタンの意識が皆無だ。優秀な人材を受け容れ，自らも海外に雄飛し，国境を越えた交流を深化させ，縮小安定から拡大発展へと路線を転換させるべきだろう。そして経験主義・継続性の尊重が3番目のKだ。現実主義や実際性の重視と言い換えてもよい。日本人もイギリス人と同様，実利性に富む民族だが，歴史の重要性に対する認識が浅い。イギリスの現実主義は中庸を重んじる意識でもあり，過去を全否定するが如き過激暴挙な行為には走らない。現実的であることは，歴史の継続や一体性の上に現在を生きることであり，その時々の権力に屈し，平気で過去や民族としての歩みを全否定することではない。長い歴史を民族の誇りとするにも拘らず，日本は幕末，先の大戦と幾度か目先の難局を切り抜けるため自らの手で自らの過去を捨て去ってきた。過去との断絶を容認するだけに留まらず，積極的に自身の過去を否定，打ち消し，罪悪視してそれを封印さえした。この姿勢が，国家民族の歩みに大きな跛行を引き起こし，価値観の混乱や民族アイデンティティの崩壊を招いている。

　現在は，常に過去の蓄積の上に成り立っている。新しいものに臆病になる必要はないが，継続や伝統を踏まえた新規性の受容がその国らしさを生み出し，そこから他国他民族には見られぬ独創性も宿るのである。イギリスは自らの生活体験の中から近代民主主義や議院内閣制，鉄道・郵便制度等様々な分野で新たな社会システムを考え出し，それらが遍く世界に受け容れられ地球規模システムへと発展していった。それゆえにイギリスは経済力が少々低下しても，世界から尊敬の眼差しで見詰められているのだ。日本が国際社会から真に尊敬されるには，カネやモノだけでなく，諸外国が挙って受け容れたがる普遍性の高

い価値観やシステム，ソフトウェアを自らの手と頭で生み出すことが必要だ。時代や状況毎に他人の考案したシステムやアイデアを巧みに採り入れ，それを操るだけの実用主義一辺倒では，あまりに心細い。小器用な物まね国家から脱却するには，民族の過去やアイデンティティを尊ぶ国となることが不可欠である。

日本がイギリスから学ぶべき第2の鍵は，政治に関する叡智である。古くは議院内閣制，最近も影の内閣やマニフェスト等日本はこの国に民主政の範を求めてきたが，外交分野でも吸収すべき事柄は多い。第1は，交渉・駆け引きの技である。バンドワゴン一点張りではなく，国益実現のためには敵対国にも接近し，あるいは他国の力を巧みに取り込む能力にイギリスが秀でているのは，均衡やバランスの視点から力を眺めるからだ。国際関係が複層多重化している現在，力に対するこの国の柔軟な発想を学び取らねばならない。第2は，情報重視のイギリスの姿勢だ。限られた国力の中で最大限の外交成果を上げるには，相手の周辺を嗅ぎ回るのは姑息で潔くないとの日本人独特の美学は捨て去り，情報の収集・分析，活用の体制を構築しなければならない。諜報機関の設置は急務である。

最後の鍵として指摘すべきは，国家指導者（政治家）の育成，つまり教育である。戦後の日本で優秀な政治家が生まれないのは，一億中流意識と形式重視の平等主義が蔓延り，エリートの育成が等閑にされてきたからだ。反対に，イギリスが常に戦争に勝ち続け，衰退の中でも大きな影響力を保持しえているのは政治家の質が高いからであり，それはエリートの育成が教育の重要な任務となっているためだ。金や閨閥がなくとも政治を志す有為の人材を政界に送り出すシステムを，イギリスは確立させている。国難を救いうる真のナショナルリーダーには，①エリートとしての自負と責任感（ノブレスオブリージェ），②物事に動じない胆力，それに③私利私欲や世俗的な権勢に身を滅ぼすことのない禁欲克己の精神力が備わっていなければならない。ジェントルマン教育を通して，イギリスはそのような才を身につけた人材を生み出してきた。紳士道（ジェントルマンシップ）は中世の騎士道が起源とされるが，我が国にもそれに類した士道の伝統がある。現代に適う新たな士道教育を興し，3要件を兼ね備えた人材の育成に，今や国家の総力が傾注されねばならない。

●注釈
1） 今井宏『日本人とイギリス人』（筑摩書房，1994年）88頁。
2） 今井宏，前掲書，129頁。
3） マリー・コンティヘルム『イギリスと日本』岩瀬孝雄訳（サイマル出版会，1989年）163～176頁。

●参考文献
[日英関係史]
佐野真由子『オールコックの江戸』（中央公論新社，2003年）
芳賀徹『大君の使節』（中央公論新社，1968年）
ヘンリー・ダイアー『大日本』平野勇夫訳（実業之日本社，1999年）
細谷千博・イアン・ニッシュ監修『日英交流史1600～2000　1～5』（東京大学出版会，2000～01年）
宮永孝『日本とイギリス　日英交流の400年』（山川出版社，2000年）
[イギリスに学ぶ日本再生の鍵]
北村汎『吟醸の国イギリス』（NHK出版，1995年）

●主な参考・推奨文献

全体を通じて使用，引用させていただいたもの。いずれもイギリスを学ぶための好著。
安東伸介他編『イギリスの生活と文化事典』(研究社，1982年)
石川謙次郎『変わるイギリス変わらないイギリス』(NHK出版，1993年)
加瀬英明『イギリス　衰亡しない伝統国家』(講談社，2000年)
木内信敬『総合研究イギリス』(実教出版，1992年)
木下卓他編著『イギリス文化　55のキーワード』(ミネルヴァ書房，2009年)
黒岩徹他『イギリス』(河出書房新社，2007年)
小泉博一他編『イギリス文化を学ぶ人のために』(世界思想社，2004年)
近藤久雄他『イギリスを知るための65章』(明石書店，2003年)
佐久間康夫他『概説イギリス文化史』(ミネルヴァ書房，2002年)
下楠昌哉編『イギリス文化入門』(三修社，2010年)
辻野功編著『イギリスを旅する35章』(明石書店，2000年)
出口保夫他編『21世紀イギリス文化を知る事典』(東京書籍，2009年)
林信吾『英国ありのまま』(中央公論新社，1994年)
林信吾『英国101話』(中央公論新社，1998年)
ポール・スノードン他『イギリスの社会』(早稲田大学出版部，1997年)
山田勝『イギリス人の表と裏』(NHK出版，1993年)

■著者略歴

西川吉光（にしかわ　よしみつ）
　東洋大学名誉教授，東洋大学社会総合研究所研究員，㈳平和政策研究所上席研究員，世界日報客員論説委員
1955年　大阪生まれ
1977年　国家公務員上級職試験合格
1978年　大阪大学法学部卒業後，防衛庁（現防衛省）に勤務。内閣安全保障会議，防衛庁官房・防衛・人事・装備等の各局，防衛大学校，防衛研究所等を経て1998年から現職。その間，1993年から94年にかけて，チャーチルが設立したイギリス最高の戦略研究機関である英王立国防大学院（Royal College of Defence Studies: RCDS）に留学。
学位：法学博士（大阪大学），国際関係論修士（M.A. 英国リーズ大学大学院）

主要著書
『現代国際関係史Ⅰ～Ⅳ』（晃洋書房）
『現代国際関係論』（晃洋書房）
『アメリカ政治外交史』（晃洋書房）
『戦後欧州国際政治史論』（西田書店）
『ヨーロッパ国際関係史』（学文社）
『覇権と協力の国際政治学』（学文社）
『ヘゲモニーの国際関係史』（国際安全保障学会賞受賞）（晃洋書房）
『アメリカと東アジア』（慶応義塾大学出版会）
『覇権国家の興亡』（萌書房）等多数

イギリス学入門──訪ね，知り，楽しもうジェントルマンの国──

2012年4月20日　初版第1刷発行
2022年4月10日　初版第2刷発行

著　者　西　川　吉　光
発行者　白　石　徳　浩
発行所　有限会社　萌　書　房
　　　　〒630-1242　奈良市大柳生町3619-1
　　　　TEL（0742）93-2234 ／ FAX 93-2235
　　　　[URL] http://www3.kcn.ne.jp/~kizasu-s
　　　　振替　00940-7-53629

印刷・製本　共同印刷工業㈱・新生製本㈱

© Yoshimitsu NISHIKAWA, 2012　　　　　　Printed in Japan

ISBN978-4-86065-067-4